U0518344

丛书编委会

大家精要
典藏版丛书

简读

钱穆

汪学群
武才娃 著

陕西师范大学出版总社　西安

图书代号　SK24N1895

图书在版编目(CIP)数据

简读钱穆 / 汪学群，武才娃著 . — 西安：陕西师范大学
出版总社有限公司，2025.5
（大家精要：典藏版 / 郭齐勇，周晓亮主编）
ISBN 978-7-5695-4155-7

Ⅰ.①简… Ⅱ.①汪… ②武… Ⅲ.①钱穆（1895-
1990）—人物研究 Ⅳ.① K825.81

中国国家版本馆 CIP 数据核字（2024）第 028190 号

简读钱穆
JIAN DU QIAN MU

汪学群　武才娃　著

出 版 人	刘东风	
策划编辑	刘　定　陈柳冬雪	
责任编辑	马　磊	
责任校对	郑若萍	
封面设计	龚心宇　张潇伊	
出版发行	陕西师范大学出版总社	
	（西安市长安南路 199 号　邮编 710062）	
网　　址	http://www.snupg.com	
印　　刷	深圳市福圣印刷有限公司	
开　　本	889 mm×1194 mm　1/32	
印　　张	6.25	
插　　页	4	
字　　数	109 千	
版　　次	2025 年 5 月第 1 版	
印　　次	2025 年 5 月第 1 次印刷	
书　　号	ISBN 978-7-5695-4155-7	
定　　价	49.00 元	

读者购书、书店添货或发现印装质量问题，请与本公司营销部联系、调换。
电话：（029）85307864　85303629　　传真：（029）85303879

目 录

第 1 章　心路历程　文化人生 /001

第 2 章　人杰地灵　发奋苦读 /007
　　　　　　家世及幼年时代 /007
　　　　　　果育学校的培养 /012
　　　　　　未卒业的中学时代 /018

第 3 章　回报桑梓　自学名家 /023
　　　　　　乡间小学教书 /023
　　　　　　执教中学 /030
　　　　　　致良知以明心性 /037
　　　　　　探国故寻新知 /044
　　　　　　平息经学今古文之争 /050

第4章　北上教书　文惊学坛 /058

最受欢迎的老师 /058

谈笑有鸿儒 /065

以儒墨梳理诸子 /071

老子其人其书考辨 /077

从宋学看清代学术 /084

第5章　南下辗转　情系国族 /091

辗转教学 /091

新国史的马前卒 /102

转入文化史的探索 /112

第6章　创办新亚　文化培壅 /125

创办新亚书院 /125

文化人生互诠释 /133

传统政治非专制 /142

大视野的理学观 /147

第7章　移居台湾　笔耕不辍 /154

为中华文化献终身 /154

集孔子以来之大成者：朱熹 /162

终归文化史学 /167

第8章　高山景行　后学楷模 /174

附录 /182

年谱 /182

主要著作 /187

参考书目 /191

第1章

心路历程　文化人生

　　钱穆是我国现代著名的史学家、思想家、教育家。他1895年7月30日（清光绪二十一年六月初九）生于无锡，1990年8月30日卒于台北，享年96岁。这位世纪老人以其博学精思、著作等身而享誉学界，是20世纪国学泰斗之一。

　　钱穆，原名恩𬭤，字宾四，民国元年（1912）易名穆。钱家世居江苏省无锡县南延祥乡啸傲泾七房桥村。钱穆家世贫苦，幼时丧父，中学毕业即无力求学，但志向远大。他自1912年始，在乡村任小学教师。1922年起，在厦门、无锡、苏州等地任中学教师。1930年，他由顾颉刚推介，入北平燕京大学执教，从此跻身学术界。抗战前，他先后任燕京大学、北京大学、清华大学、北平师范大学教授，讲授先秦史及近三百年学术史等，并出版有关著作，其学术名流地位逐渐确立。抗战期间，他随北大南下，以强烈的民族感情和忧患意识，潜心著成《国史大纲》。这部著作于 1940 年出版后，风行全国，成为各大学通用的历史教科书，极大地鼓舞了广大青年学子，激发了他们抗战救亡的热忱。抗战时期，他先后在西南联合大学、齐鲁大学、武汉大学、浙江大学、华西大学、四川大学等校讲授文史课程，极具影响。抗战胜利后，1946 年至 1949 年间，他曾执教于昆明五华书院、云南大学、无锡江南大学、广州私立华侨大学。他于 1949 年移居香港，不久与唐君毅、张丕介等人在艰难困苦之中创建新亚书院，任院长。此后，钱、唐诸人惨淡经营的新亚书院造就了许多人才，培育了可贵的新亚精神，成为护持祖国传统文化的重镇。20 世纪 50 年代，他获香港大学名誉法学博士称号。60 年代，他应邀讲学于美国耶鲁大学，获该校名誉博士称号，亦讲学于马来西亚大学。他于 1967 年离开香港，定居台北，任台北中国文化大学教授、台北故宫博物院特聘研究员等职，当选为台湾"中央研究院"院士。

钱穆博通经史文学，擅长考据，一生勤勉，著述不倦。毕生著书七十余种，共约一千四百万字，为我们留下了宝贵的精神财富。他在中国文化和中国历史的通论方面，多有创获，尤其在先秦学术史、秦汉史、两汉经学、宋明理学、近世学术思想史等领域，造诣甚深。他在现代学术史上也占有重要一席，他的《先秦诸子系年》《中国近三百年学术史》《国史大纲》《朱子新学案》等著作，以及关于中国学术思想史的其他研究成果，为中国传统文化的创新作出了不可磨灭的贡献。

钱穆不仅是一位专才、学问家、史学巨擘，而且是一位通儒、著名的思想家。他的学术著作和讲演不仅有学术的、学理的价值，而且有深刻的思想性和哲理性。他以诲人不倦、著述等身的一生，捍卫、弘扬中华民族历史文化传统的精华，抵御着工业化、商业化的现代社会对人性的肢解，抗拒着欧风美雨侵袭所造成的民族文化生命的衰亡。他肩负着"为往圣继绝学"的使命，是我们中华民族真正的脊梁！

20世纪是中国传统精神资源饱受摧残的世纪。无论是自由主义还是激进主义，都把民族的文化视为现代化的绊脚石，不加分析地毁辱传统，极大地伤害了民族精神之根。在这种潮流面前，钱穆与其同道，从不同的角度维护民族精神，护持"中国性"，张扬民族个性，挖掘传统文化的精华，加以创造性的重建。这需要何等的气魄和胆识啊！20世纪的学术思想史昭示我们，真正深刻的、有见识的思想家，不是浮在时代表面的弄潮儿，只能随着潮水的衰落而昙花一现，而是那些潜光含章、剖视时俗之弊，把握民族精神底蕴的人物。钱穆正是具备了这种素养的人。

钱穆倡导对中华民族历史文化传统满怀"温情与敬意"的态度，反对褊狭的民族虚无主义。"历史与文化就是一个民族的表现。所以，没有历史，没有文化，也不可能有民族之成立与存在。如是，我们可以说：研究历史，就是研究此历史背后的民族精神和文化精神。我们要把握这民族的生命，要把握这文化的生命，就得要在它的历史上去下功夫。"钱穆认为，历史与文化不是停滞不前的，历史生命与文化生命在变化中有持续，在持续中有变化。因此，"研究文化生命，历史生命，该注意其长时间持续中之不断的变化，与不断的翻新。要在永恒中有日新万变，又要在日新万变中认识其永恒持续的精神，这即是人生文化最高意义和最高价值之所在"。由此可看出，钱穆主张吸收、融合世界各国文化新精神以求"变"、求"新"，同时致力于发掘中国文化系统的独特性，对中国文化的生命力抱有无比坚定的信心。他致力于重建中华人文精神，重建中国人对本民族的感情和对本国历史的尊重，坚信中国文化调整和更新的动力必定来自自身文化系统的内部，希冀"能于国家民族之内部自身，求得其独特精神之所在"，并把它作为"国家民族永久生命之泉源"。

钱穆的生命与中华民族历史文化紧密相连。陈寅恪挽王国维，吴宓赠陈寅恪，都有"文化神州系一身"之说。同样，作为民族文化的托命者，钱穆亦是"文化神州系一身"的人物，他的生命中洋溢着强烈的责任感，承载着振兴民族文化的使命。

钱穆一生把为学与做人密切地结合起来，如何做人则是其第一要义，首先是如何做一个堂堂正正的中国人。他的一生大半是在中华民族危亡和中华文化日渐衰弱的年代中度过的。他不辞辛劳地讲学、办校，教书育人，著书立说，把全部的爱心、情感、智慧、生命都奉献给了中华民族的文化伟业。

钱穆一生与甲午战败以来的时代忧患共终始，自谓："余对中国传统文化之深博伟大，所知甚浅。然自问爱国热忱，则自幼年迄于今兹，从未后人。凡我所讲，无不自我对国家民族之一腔热忱中来。我之生年，在前清光绪乙未，即马关条约台湾割让日本之年。我之一生，即常在此外患纷乘，国难深重之困境中。民国元年，我即在乡村小学教书。我之稍有知识，稍能读书，则莫非因国难之鼓励，受国难之指导。我之演讲，则皆是从我一生在不断的国难之鼓励与指导下困心衡虑而得。"他的著作字里行间浸透了血和泪，浸透了深厚的民族悲情和历史意识，充满了对过去的思念与敬意，对未来的企盼与信心。面对 20 世纪中国文化的困难，即价值系统的崩溃、意义结构的解体、自我意识的丧失、精神世界的危机，钱穆生命的呼应与存在的实感，化成他的学问、业绩、演讲、著作，苦心孤诣、感天撼地。他的学问与他的生命浑然一体！

他继承了中国知识分子"以宏道为己任""先天下之忧而忧，后天下之乐而乐"的优良传统，并以坚定的行为、高尚的情操，激励后人为弘扬中华文化而继续努力奋斗！他是我国 20 世纪学术思想史上的一座丰碑，也是后学立身行世的楷模。

第 2 章

人杰地灵　发奋苦读

　　钱穆是江苏无锡人。无锡，汉代开始设置县，属于会稽郡。县西有锡山，秦朝时曾产锡，汉代锡尽，因以无锡为名。三国吴国废县，两晋重新设置，元代升为州，明代又设为县，清代属于江苏常州府。无锡虽然后来没有锡，但经济发达，人才辈出，为"东南财赋地，江浙人文薮"。钱穆生在这样一个人杰地灵的地方，加上自己的勤奋努力，必然造就日后的辉煌。

家世及幼年时代

　　钱穆出生在江苏省无锡县南延祥乡啸傲泾七房桥村，一个五世同堂的大家庭里。曾经造访过七房桥的美国学者邓尔麟对钱氏的家世、先祖有这样的描写：中国的祖宗像民间英雄一样，往往是功大于过的。"钱家的祖先也不例外，总的说来，人死后，品德会被夸大。对祖先了解越少，祖先的功德就越高。当初有一位外来户叫钱心梅，他来到七房桥并发了迹，死后葬于七房桥东北部，只有七房桥钱氏家族认他为老祖宗。在鸿声里祠堂编印的钱氏宗谱里标明心梅公是第一任吴越王的第二十二代孙。可是与王族有血缘之亲却没有实际意义，因为在整个吴语区的钱姓人氏通通都是吴越王的后裔。重要的是在钱氏祖父祠堂牌位里，心梅公在九个族兄弟中被排到第七位。心梅公的生卒年月无人知晓。但人们却都清楚他是在 16 世纪后期明代一条鞭法之后在该地定居的，并给他自己家族定为第七房"。七房桥这一支钱氏的远祖是心梅公，即钱穆的十八世祖。约在明代后期，即 1581 年张居正推行一条鞭法时，钱塘江畔临安县住着很多钱姓人家，因躲避官府的迫害，逃散到各地。其中七八个人就迁居到无锡南门外。心梅公在七房桥，钱鸿声到鸿声里，其余在荡口、马桥等地扎下根。当时无锡南门外一带还是一片尚未开垦的土地，钱氏的祖先们就以田为业，逐步发展起来。

钱穆的曾祖父钱绣屏，清嘉庆十五年（1810）生，国学生。祖父钱鞠如，道光十二年（1832）生，邑庠生。父亲钱承沛，字季臣，同治五年（1866）生。

祖父擅长音韵，有手抄五经一本，无注而有音切，由父亲用黄杨木板穿锦带裹扎，并镌亲书"手泽尚存"四字。全书用上等白宣纸，字体均正楷，一笔不苟。钱鞠如中年体弱多病，抄完此书不久就去世了，年仅37岁。钱穆从小听其兄说，此书后半部纸上有许多泪痕印迹。祖父还留下一部大字木刻本《史记》，上面有五色圈点，并附有批注。钱穆幼时爱读《史记》，皆受此书的启发。据赵捷民回忆，钱穆20世纪30年代在北大任教时，与别的教授有所不同，什么参考书也不介绍，只介绍一部《史记》，另外就是他自著的《先秦诸子系年》，要学生精读《史记》。他就是自学《史记》而有成绩的，常认为司马迁所作的《史记》在许多地方是有错误的，这是他精研《史记》的结果。

祖父去世时，其祖母41岁，其父仅3岁。父亲天资聪颖，幼年时有神童的美称，16岁应县试，考取第一名为秀才，由于身体瘦弱，在南京乡试时病倒，以后就再也没有求取功名。父亲为人刚直不阿，遇事秉公办理。钱氏为五世同堂大家庭，各家事无大小，皆来就商于父亲，得一言为定。凡遇族中事，也必邀父亲商量，乃至七房桥四周乡间事，几乎皆等父亲主断。父亲还不到30岁，即为族长，又兼为乡绅。钱承沛共有五个子女，其中四男一女，钱穆居第三，有一个姐姐，一兄二弟。兄名挚，字声一，即钱伟长之父；弟名艺，字漱六；次弟名文，字起八。

居家期间，父亲在七房桥设馆授徒，对子女及同姓后代进行启蒙教育。父亲把光宗耀祖的希望寄托在子女身上，在延师教育的同时，自己也常常督学，晚上一有空闲，便给长子钱挚讲解古文及读书方法，读书应知言外之意。写一字，或有三字未写；写一句，或有三句未写。遇到这种情况，只有运用自己的聪明才智，才能理解书中之意。钱穆年幼，虽未能直接聆听教诲，但常躺在床上偷听，喜得夜不能寐。

父亲特别对聪慧的钱穆寄予厚望。光绪二十七年（1901）秋，钱穆7岁那年，父亲便送他入私塾读书。老师是父亲从荡口镇请来的华姓塾师，同学中有长兄钱挚等共四人。所读书主要有《三字经》《百家姓》、四书、五经。钱穆自幼聪慧，读书过目不忘。一天傍晚，父亲为了检查钱穆的学业，来到了私塾，正好钱穆在读朱熹的《大学章句序》，其中有"及孟子没"一句，父亲便问钱穆"没"字如何讲，此时塾师还未开讲，钱穆回答说："如人落水，没头颠倒。"父亲又问："你何以知此没字乃落水？"钱穆回答说："因字旁称三点水猜测之。"父亲便把钱穆依据部首猜字一事告知塾师，说："此儿或前生曾读书来。"塾师遂对钱穆另眼看待，称其用心苦读，日后必成大器。

钱穆入塾的这一年年底，因塾师生病，父亲便迁居荡口镇。荡口镇位于鹅湖水乡，民风古朴，民俗浓重，每到端午节，镇里的人便划龙舟于水上，入夜灯火辉煌，锣鼓丝竹喧天，热闹非凡。父亲也雇舟举家观赏，感受这欢天喜地的气氛。家乡的风俗，给幼小的钱穆留下了深刻的印象。他直到晚年记忆犹新，认为要考察、比较一个国家民族的文化，上层首先要注意的是其学术，下层则要注意其风俗。学术为文化导先路，风俗为文化奠深基。如果不能形成风俗，文化理想则如同空中楼阁，终将烟消云散。他中年以后对文化的偏爱与幼年家乡的民俗、风俗的影响分不开。

在荡口镇，父亲访得另一位华姓塾师开始给钱穆等诸生授课。塾师所开《史概节要》《地球韵言》两书，尤其是后者使钱穆耳目一新，了解到世界地理等方面的知识。钱穆课余则阅《三国演义》《水浒传》等古典小说，对其中的一些章节倒背如流。

9 岁那年的一个晚上，父亲的朋友让他背诵《三国演义》中诸葛亮舌战群儒一段，钱穆从容不迫、一字不漏地背诵下来，其间还揣摩人物加以演示，博得众人的夸奖。其父却沉默不语。翌日晚上，父亲带钱穆外出，行至一桥，便问钱穆："认识桥字吗？"钱穆回答说："认识。"父亲又问："桥字何旁？"答曰："木字旁。"父亲又问："木旁换了马旁，是何字?"答曰:"骄字。"问曰:"你知道骄字的意思吗?"答曰:"知道。"父亲说:"你昨天晚上的讲话,正像那字,你知道吗?"钱穆知道父亲以此为喻,告诫他切莫骄傲自满。父亲教子从不正面入手,而多从侧面启发。此事虽发生在幼年,但至老不忘。钱穆后来回忆道:"先父对我此一番教训,直至如今,已过了六十年,快近七十年,而当时情景,牢记在我心头,常忆不忘,恍如目前。"

果育学校的培养

光绪三十年(1904),10岁的钱穆进入无锡荡口镇的新式小学果育学校,该校由荡口镇华子才先生私人创办。当时的无锡教育很发达。钱穆回忆说:"无锡一县在江南开风气之先,如侯实、东林两学校,远在前清光绪戊戌政变前,为全国地方兴办新式学校的开始。规模皆极宏伟,科学仪器亦极齐备。皆由地方人士私赀兴办。但戊戌后,两校皆遭毁,否则亦它日之南开也。然风气已开,即余之幼年,早获投入新式小学读书,亦受此风气之赐。"辛亥革命后,无锡和南通都被称为模范县,主要原因是两地的教育事业发达。辛亥革命以前,无锡地区已经有不少的私立学校。城区有侯实小学、东林小学、竞志女中等。乡区如堰桥、石塘湾、荡口等地也有一些私人兴办的学校。辛亥革命后又增设了一些公立学校，如第三师范、县立中学、县女中，以及一些国民小学，四乡皆然。无锡教育之开先，学校之发达，可见一斑。钱穆自幼能在这种教育环境下学习，对其日后的发展大有益处。

果育学校分高、初两级。钱穆和长兄钱挚尊奉父亲之命同时去应考。钱挚进入高级小学一年级，钱穆进入初级小学一年级。当时教授文史的老师不太受人重视，而教授理化自然科学的老师则很难聘请到。教授体操和唱歌的老师尤为一校乃至一镇之众望所归。

在小学时代，对钱穆影响很大的有以下几位老师。

当时教体操的是钱穆的同族钱伯圭先生，鸿声里人，曾游学于上海，是革命党人。他听说钱穆能读《三国演义》，就对钱穆说，这种书以后不要再读了。此书一开头就说天下合久必分，分久必合，一治一乱之类的话，这是由于中国历史走上了错路，因此才有这种状态。如今欧洲诸国合了就不再分，治了便不再乱，我们以后应该向他们学习。伯圭老师的这一席话，常常萦绕在钱穆的头脑中。东西方文化孰得孰失，谁优谁劣，这一问题始终困扰着近代的中国人，同时也困扰着钱穆的一生。正如他回忆所说："余此后读书，伯圭师此数言常在心中。东西文化孰得孰失，孰优孰劣，此一问题困住近一百年来之全中国人，余这一生亦被困在此一问题内。而年方二龄，伯圭师即耳提面命，揭示此一问题，如巨雷轰顶，使余全心震撼。从此七十四年来，脑中所疑，心中所计，全属此一问题。余之用心，亦全在此一问题上。余之毕生从事学问，实皆伯圭师此一番话有以启之。"伯圭先生又告诉钱穆，当今的皇帝是满洲人，我们则是汉族，满洲人压制汉人云云。钱穆自幼抱有民族观念，同情革命民主，皆由伯圭先生的启发而来。

唱歌先生华倩朔是影响钱穆的另一位老师。倩朔先生是荡口镇人，早年留学日本。他风度翩翩，平易近人，是一校师生共同敬仰的中心。他擅长书法、绘画、吟诗、填词，其作品由上海商务印书馆出版，畅销全国一二十年不衰，尤其是其中的《西湖十景歌》，文字描写真切而且浅显易懂，在全国广为流传。倩朔先生还兼任初级小学一年级国文课，钱穆也在此班就读。一天，倩朔先生以"鹬蚌相争"为题，让学生们作文，钱穆写了约四百字的文章，倩朔老师评价说：这篇故事出自《战国策·燕策》，苏代以此讽喻东方诸国。教科书中没有说明出处，今该生能以战国故事作比喻，可谓已经妙得题旨了。钱穆在文章结束时说，如果鹬不吃蚌，蚌也不钳鹬，罪在鹬而不在蚌。倩朔先生颇为欣赏，评语称钱穆的分析"如老吏断狱"。钱穆也因此文而受到老师的嘉奖，并进升一级上课。倩朔先生还赠给钱穆一部《太平天国野史》，他如获至宝，如饥似渴地阅读，从头到尾完整读完一部书，便是从这本书开始。

升级后，教国文的是华山先生。钱穆因作文优秀又升一级。华山先生赠给他由蒋百里译日本人著的《修学篇》一书，书中网罗西欧英法诸国未经学校自修苦学成才者数十人，并记述其苦学的经历。钱穆后来虽未能进大学，仍有志苦学不倦，发奋钻研，显然是受此书的影响。

钱穆升入高级班，国文老师是顾子重。他对钱穆的才华十分器重，曾称赞其"文气浩荡，他日有进，当能学韩愈"。钱穆在子重先生的引导下开始读《韩愈集》，获益匪浅，称自己知有学问，是受到子重先生这一语的启发。子重先生学贯新旧中西，尤其精通史地。后来，钱穆治学喜欢史地，系源于子重先生。子重先生还指导钱穆读《水浒传》，改变了过去只看正文（大字），不读金圣叹批语（小字）的习惯，又读林琴南所翻译的西洋小说，阿拉伯神话小说《天方夜谭》，开阔了钱穆的视野。

在果育学校使钱穆终生难忘的，还有倩朔先生的弟弟紫翔老师，他教授经史子集，无所不包。紫翔先生开设中国各体古文三十篇，自《尚书》至晚清曾国藩，所选古文，较姚鼐编《古文辞类纂》、曾国藩选《经史百家杂钞》及《古文四象》等书，别出心裁，另辟蹊径，使学生读后获益颇多。老师讲魏晋南北朝诸文，如王粲《登楼赋》、鲍照《芜城赋》、江淹《别赋》，以及邱迟《与陈伯之书》等篇，钱穆最爱听，后来他称颂古文，不分散文和骈文，偏爱读清人洪亮吉、汪中等小文，皆渊源于此。使钱穆获益的还有紫翔先生所讲的理学诸篇，如朱熹的《大学章句序》和王守仁的《拔本塞源之论》，由此后开始知道王守仁的《拔本塞源之论》为其《答顾东桥书》的后半部分，归入其《传习录》中卷。自谓："此后由治文学转入理学，很少有文学与理学之间的门户分别。治王学尤其从《拔本塞源之论》得有领悟。"又后来知晓阳明《拔本塞源之论》也从朱子《大学章句序》中转来。他于20世纪20年代末撰写出版的《王守仁》，以及后来改定的《阳明学述要》，都强调《拔本塞源之论》的重要，并以此篇来谈论王守仁与朱熹的学术关系，皆源于此。钱穆当时又听紫翔先生讲曾国藩的《原才篇》，知道人才源于风俗，风俗起于一己之心向，也是受紫翔先生的启发。紫翔先生喜欢从渊源处讲求学问，钱穆治学也喜欢从历史流变着手，寻求其渊源宗旨所在，这都得益于紫翔先生的教诲。

钱穆回忆果育小学的求学所得写道："回忆在七十年前，离县城四十里外小市镇上之一小学校中，能网罗如许良师，皆于旧学有深厚基础，于新学能接受融会。此诚一历史文化行将转变之大时代，惜乎后起者未能趁此机运，善为倡导，虽亦掀翻天地，震动一世，而卒未得大道之所当归。祸乱相寻，人才日趋凋零，今欲在一乡村再求如此一学校，恐渺茫不可复得矣。"他自认为，之所以遇到诸多良师，是那个新旧杂陈、古今融会的大时代所造成的。

严耕望在论及钱穆幼年学校环境对其影响时指出："清末民初之际，江南苏常地区学校教师多能新旧兼学，造诣深厚，今日大学教授，当多愧不如，无怪明清时代中国人才多出江南！先生少年时代虽然经济环境极为困难，但天资敏慧，意志坚定，而禀性好强，在如此优良精神环境中，耳濡目染，心灵感受，自能早有所立，将来发展，自不可量。"江南文化底蕴深厚，学术风气浓重，名人宿儒荟萃，在这样一种氛围的熏陶之下，那些发奋苦读的莘莘学子，日后肯定会大有作为。果然，钱穆在果育小学四年，遇到了众多良师，加上自己努力及勤奋好学，为今后从事教学与学术研究打下了良好的基础。

光绪三十二年（1906），钱穆的父亲病逝，当时钱穆的哥哥18岁，钱穆11岁，两个弟弟，一个7岁，一个3岁。此时家徒四壁，寡母及兄弟四人，靠本族怀海义庄抚恤为生。父亲临终时告诫钱穆要好好读书。母亲继承夫志，承担了教养责任，自己再苦再穷，也要供孩子读书，完成丈夫的嘱托，为钱氏家族保留几颗读书种子。父亲早逝，家境清苦，手足之情，尤显重要。亲族们都知道他们大阿哥（钱挚）拖（无锡土语，帮带、扶持之意）大兄弟（钱穆），大兄弟再拖小兄弟。兄弟们团结一致，与母亲一起支撑起了这个家。

未卒业的中学时代

光绪三十三年（1907），钱穆入常州中学，开始了三年多的中学生活。常州中学由知府许星璧、士绅恽祖祁等人创办，屠孝宽（元博）为监督（今称校长）。

常州中学分师范和中学两个班，师范班一年毕业，中学班要读四年。钱挚因负担家用想尽快毕业工作，入师范班读书，钱穆入中学班。在中学时代，最使钱穆难忘的是屠孝宽老师。当时他年龄小，孝宽先生尤加爱护。钱穆在所开设的课程中最偏爱国文和历史两门，所以对这两门功课认真投入，考试成绩也不错。而对图画科则不太感兴趣，曾受到任课老师的批评。因此，孝宽先生把钱穆叫到监督室，告诫他应该每科平均发展，不要偏科。

屠孝宽的父亲屠寄，字敬山，清末民初著名史学家，尤以研究元史著称，所著《蒙兀儿史记》影响甚大。钱穆曾随屠孝宽先生进入屠寄的书房，看后大开眼界。后来他回忆道："太老师屠敬山先生，乃当代史学泰斗，著有《蒙兀儿史记》一书。书未成，而名满中外。其时已退休居家。某一日，已忘以何因缘，得偕三数同学进入元博师之住宅，又得进入太老师敬山先生之书斋。四壁图书，临窗一长桌，桌上放数帙书，皆装潢巨制。座椅前有一书，已开帙，似太老师正在阅读。就视，乃唐代《李义山诗集》，字大悦目，而眉端行间朱笔小楷批注几满，字字工整，一笔不苟。精美庄严，未曾得见。尚有碎纸批注，放在每页夹缝中，似临时增入。书旁有五色砚台，有五色笔，架在一笔架上，似临时尚在添写。余一时呆立凝视，但不敢用手触摸。因念敬山太老师乃一史学巨宿，不知其尚精研文学，又不知其已值晚年，而用力精勤不息有如此。此真一老成人之具体典型，活现在余之目前，鼓动余此后向学之心，可谓无法计量。较之余在小学时，获亲睹顾子重、华紫翔诸师之日常生活者，又另是一境界。"参观屠寄书房之后，钱穆把屠寄与以前的老师作对比，称其又一番境界，这次虽然没有见到屠寄本人，但给钱穆留下了深刻印象，极大地鼓舞了他治学的信心，鞭策他今后向更高的方向努力。

　　除了屠孝宽先生以外，钱穆记忆最深的还有著名史学家吕思勉先生。他任历史、地理两门课，是当时诸位老师中最年轻的一位。思勉先生不修边幅，上课很吸引人。他回忆吕思勉先生讲地理课的情形：必带一幅上海商务印书馆所印的中国大地图。先将各页拆开，讲一省，择取一图。先在附带的小黑板上画一十字形，然后绘此一省的四至界线，说明此一省的位置。在界内绘山脉，然后是河流湖泽。说明山水自然地理后，再加注都市城镇关卡及交通道路等。一省讲完，小黑板上所绘的地图，五色粉笔缤纷皆是。听者如身临其境，永不忘怀。钱氏后来喜史地之学，与吕思勉先生的循循善诱不无关系。

后来，吕思勉成名后，钱穆还与其多次通信，讨教经学上的今古文等学术问题，两人往返书信多达数十次。作为常州人，吕思勉服膺清代的常州今文经学派，对于乡贤前辈庄存与、刘逢禄等人的观点赞同，钱穆也多加质疑问难，详细讨论常有万字之多。吕思勉在最后一次回信中，把钱穆比作朱熹，而自己以陆象山相许，意谓可以求同存异。钱穆撰成《国史大纲》后还致信请吕思勉校改，吕思勉对这一贯通古今的中国史著作给予正面的肯定。抗战胜利以后，钱穆任教于江南大学，曾赴常州探望吕思勉，吕思勉亲自带领钱穆访常州中学旧址，又命钱穆在此讲演。他们之间的往来一直持续到 1949 年。吕思勉的教诲之恩使钱穆终生难忘。

当时教国文课的还有童斐老师。他不仅讲国文，而且也擅长昆曲。各种乐器，以及生、末、净、旦、丑等角色，都能一一教授。钱穆学吹箫、学昆曲较之学校中其他正式课程更用心，更愿学。他喜欢昆曲，爱吹箫，皆归功于童斐先生的引导。还有一位教数学的徐老师，曾师从荡口镇出生的著名数学家华蘅芳、华世芳兄弟，他曾教过吕思勉，对荡口镇来的学生格外关注，将所著的数学书籍赠予他们，并勉励他们以华氏兄弟为榜样，努力学习，也给钱穆留下了深刻印象。

宣统二年（1910），钱穆念到中学四年级时，全年级集体提议，请求校方对明年的课程有所改动，要求减去修身科，增修希腊文科等，推举钱穆等五人为代表与校方商谈此事，结果校方不应允，大家再提议由钱穆等五位代表以退学相要挟。校监屠孝宽先生挽留不住，遂退学。这件事给钱穆留下了深刻的记忆。五人中除钱穆外另有两人日后成为著名学者。一是张寿昆，后考入北京大学，易名煊，师从刘师培和黄侃，倡导文言文，创办《国故》杂志（月刊），以弘扬国粹为己任，与傅斯年和罗家伦创办的《新湖》杂志（月刊）相抗衡。另一个是刘寿彭，即刘半农。他退学后以卖文为生，后来受陈独秀的影响北上，与陈独秀一起宣传白话文，成为"五四"时期新文化运动的健将。20 世纪 20 年代留学法国，获博士学位，学成后任教于北京大学。

钱穆在退学期间偶见谭嗣同的《仁学》，读后为其民族意识所激发，即私去长辫。后经屠孝宽先生推荐，钱穆去私立钟英中学就读。钱穆进校后，每天清晨听到环城军号胡茄声，很欣赏陆军学生的步态，常想出山海关与日俄作战。

不久，辛亥革命爆发，学校被迫解散，钱穆辍学回到家乡，从此结束了他的学生时代，开始了乡间教书的生涯。严耕望总结这一段钱穆的人生道路时说："他虽然中学教育尚未受业，但幼年在家与中小学七年余，受父祖慈母与诸师之教益殊多，立己处人处事以及治学根基与方法，乃至娱乐兴趣，一切皆植基于此一时期之优良环境。"纵观钱穆早年的求学经历，一是天资聪颖，勤奋苦读，二是庆幸遇到了那么多的良师益友，使他在学校读书期间养成了善于学习和勤奋思考的良好习惯，这为日后执教奠定了坚实的基础。

第3章

回报桑梓　自学名家

钱穆兄弟成人后，长兄钱挚一直在七房桥兴办又新小学，服务于家乡；钱穆则在附近四乡小学执教，后外出到无锡城里和苏州教中学；两个弟弟到荡口教书。弟兄四人都是教师，每逢暑假都要到七房桥来过夏，侍奉老母，对桑梓故里的情深可想而知。在此期间，钱穆发奋苦读，教学相长，科研硕果累累，并得到学术界的承认，成为自学名家。

乡间小学教书

1912年，钱穆18岁，开始在秦家水渠三兼小学任教。他决定应聘是因为家贫，升学无望，想通过教书自学。这一年，他刻苦攻读，进步很快，先是读完了《孟子》，在家从父亲遗书中发现大字木刻《史记》一书，便爱不释手地读下去。又在读毛奇龄《四书改错》时，发现朱熹《四书集注》居然也有那么多的错，深感惊奇，自谓由此而得知清代乾嘉诸儒的学风。

钱穆到校主要担任高级班课，所教课程有国文、史地、英文、数学、体操、音乐等，又兼任部分初级班的课，每周上课三十六小时，教书任务虽然繁重，但仍读书不辍。当时，钱穆还喜欢阅读《东方杂志》，并撰写《论民国今后之外交政策》一文寄给该杂志，因涉及外交机密没有发表，这是他第一次投稿。他在三兼小学任教时与该校创办人秦仲立结成忘年之交。秦仲立乃一积学之士，文理兼长，藏书甚丰，钱穆则常借阅秦家藏书，获益匪浅。钱穆先后阅读了严复所译英国社会学家斯宾塞的《群学肄言》、穆勒的《名学》，接触到西方社会人文思想书籍，开阔了眼界，并经常与秦仲立讨论交谈。钱穆虽然在三兼小学仅任教一年，但收获颇多，为日后的学业打下了坚实的基础。

关于钱穆早年的为学经历、学术途辙，他自己曾在《宋明理学概述》的自序中说过。他入中学时，主要读韩愈、柳宗元、欧阳修的文集，然后读姚鼐的《古文辞类纂》和曾国藩的《经史百家杂钞》。民国元年（1912）他辍学当小学教师，以为天下学术无逾乎姚鼐、曾国藩二人。他受忘年交秦仲立先生的启发，开始留意文章分类选纂的义法，决定读诸家全集，以窥见姚鼐、曾国藩取舍之标的，于是读唐宋八大家韩愈、柳宗元、欧阳修、王安石的文集。由于受韩愈"因文见道"的启发，他转向治朱熹、王阳明，由集部转入理学；又由读王阳明的《传习录》、朱熹的《近思录》、黄宗羲的《明儒学案》及黄宗羲、全祖望的《宋元学案》，上溯五经及先秦诸子，由理学上溯经学、子学，然后下及清儒的考订训诂。可见钱穆虽治学甚广，但终以史学为归。当然在1912年至1913年间，他还尚未明确地由集部转入理学，也就更没有转入经史之学。而这种说法也不是绝对的，即在民国元年前后，他对经史、理学、清学都开始涉猎。

1913年，钱穆不再去三兼小学，转入鸿模学校任教。鸿模学校即原来的荡口果育学校。三兼小学高初两级又分两个班，钱穆原则上任高级班并教授国文、史地、英文、数学、体育、音乐等，也兼部分初级班的课，每周任课三十六小时，可月薪才十四元国币。到了鸿模学校，规模完备，高初各分几班，他教高级班国文、史地课，每周二十四小时，而月薪增至二十元。收入的增多，可以多补家用。

当时，钱穆在小学任教，心中常对未能进入大学就读而感到遗憾。偶见北京大学招生广告登载投考者须先读章学诚的《文史通义》，因而常梦想能得到章氏遗书。二十年后执教北大，果然获得章氏稀有之书。可以看出他虽未能入读北大，后却能任教于北大，是有其因缘的。钱穆也爱读夏曾佑的《中国历史教科书》，此书正是北大的教科书，并对他影响很大。如他知道经学上有今文古文的区别，夏氏书的最后附有《史记》十二诸侯年表、六国年表等，才知道年表的重要。后来他著《先秦诸子系年》、修改《史记·六国年表》，都受到夏氏的影响和启发。夏氏书仅标出几个要点，多抄录史籍原文，无考据方式，而又不背离考据这种精神，也为他所欣赏。后来，他在北大讲历史课时常引以为据，并在自己的著作中实践这一写作方式。

1914 年，钱穆转入无锡县第四高等小学任教。每周任课十八小时，同时兼任鸿模小学的课。尽管乡间教书工作很繁杂，但他能见缝插针，善于挤时间，哪怕是吃饭、课间休息、上厕所都在看书。即使是严寒酷暑，他也要坚持读书。夏天为防蚊虫叮咬，他学父亲将双足放在瓮中坚持夜读，致使他能博览群书。他还效仿古人"刚日诵经，柔日读史"的方法，定于每天清晨必读经、子等难读之书，夜晚开始读史书，中间上下午读一些闲杂书，科学地安排时间。钱穆读书除刻苦外，还不断改正自己的不良行为习惯。如他在常州中学念书时有抽烟的习惯，见课文中《劝戒烟》一篇，因念自己吸烟何以教人，遂决心戒除，数十年不犯。读《曾文正公家书》，教人读书应通读全文，遂即遵行。又读一本卫生书，知人不长寿在于不注意身体健康，自念祖、父不永年，便力求生活规律化，一直坚持到晚年。

钱穆教《论语》时，读马建忠、马相伯所撰的《马氏文通》，模仿其体例，积年写成《论语文解》一书，1918年由上海商务印书馆出版，这也是他出版的第一部著作。他用稿酬购得浙江官书局本《二十二子》，于是着力研究《墨子》。他发现毕沅所校版本有讹误，便逐条指出，加以改正，成《读墨阐解》。但念《墨子》作为名著，传世已久，如有错误当时人应该指出。试翻《辞源》，知有孙诒让《墨子闲诂》一书，他看后发现毕本所疑之处，《墨子闲诂》皆已指出，并有详确证据。自谓：孤陋幼稚，仍以读书人自居，岂不可笑可耻。于是他读孙氏书，不敢有丝毫忽过，游情于清代乾嘉以来校勘考据训诂之藩篱，则从读孙氏书开始。因此，《读墨阐解》经他多次修改，以《墨经阐解》刊行。

钱穆最初读书是从韩愈、柳宗元等唐宋八大家入手，随后转为孔孟儒学。他当时用朱笔标点《宋元学案》，对所收欧阳修、王安石诸家颇为不满，有意重编《宋元学案》，但未能成书。他也爱读六祖《坛经》等佛学书籍，后来研究佛学也是从这里开始的。1917年秋，钱穆完婚。1918年是钱穆读书静坐最专最勤的一年。他锐意学静坐，每天下午四点后必在寝室静坐，由此来体悟人生最大的学问在求能虚心。心虚才能静，才能排除心中杂念，才能专心致志攻读和思考问题。

1919年秋，钱穆转入后宅镇泰伯市立第一初级小学任教并担任校长，时年25岁。他去初小的原因有二：其一是看到报上刊载美国实用主义哲学家杜威来华讲学，涉及教育问题，与中国传统教育不同，他想与幼童接触，从头开始实验，以了解中外教育的得失；其二是当时提倡白话文，他想试试白话文对幼童初学的利弊所在。此间他得到康有为《新学伪经考》石印本一册，是以后写《刘向歆父子年谱》的张本。当时，著名学者李石岑从欧洲留学回国，在上海《时事新报》副刊《学灯》任主编，钱穆撰写《爱与欲》一文寄去并刊载，这是他的文章首次在报上发表。又寄《论希腊某哲人与中国道家思想之异同》，不久也刊出。

他当时受新文化运动的影响，开始阅读陈独秀创办的《新青年》等刊物，但并未被当时的潮流所左右，他回忆说："时余已逐月看《新青年》杂志，新思想、新潮流纷至涌来。而余已决心重温旧书，乃不为时代潮流挟卷而去。及今思之，亦余当年一大幸运也。"也就是说钱穆对自己所走的治学之道并不感到遗憾，有真才实学的人不会被时代所遗弃，而总是独领风骚。钱穆后来的学术实践，以及他的学术地位证明了这一点。

1922年，钱穆辞去后宅镇泰伯市立第一初级小学及泰伯市立图书馆馆长之职，到县立第一高等小学任教。不久便结束了乡间小学教书的经历，进入教授中学的时期。

对于近十年的小学执教生涯，他回忆说："我没有机会进大学，从18岁起，即已抗颜为人师，更无人来做我师，在我旁指点领导。正如驾一叶舟，浮沉茫茫学海中，四无边际，亦无方针。何处可以进港，何处可以到岸，何处是我归宿，我实茫茫然不知。但既无人为我作指导，亦无人对我有拘束。我只是一路摸黑，在摸黑中渐逢光明。所谓光明，只是我心自感到一点喜悦处。因有喜悦，自易迈进。因有迈进，更感喜悦。如此循环不已，我不敢认为自己在学问上有成就，我只感得在此茫茫学海中，觅得了我自己，回归到我自己，而使我有一安身立命之处。"有老师与无老师都有利弊，有老师可以受其指导，少走弯路，但也可能为其所限，妨碍了自我的发展。无老师虽得不到提携，但可充分发挥自己的潜力与才智，在经验与失败中前进，去成就后来的辉煌。钱穆属于后者，他是一个典型的无师自通的史学家。

执 教 中 学

钱穆执教中学从应聘厦门集美学校开始。1922年秋，他任教县立第一高等小学不到一个月就应聘于厦门集美学校，这要得益于同乡、同学施之勉先生的推介。施之勉在常州中学读书时低钱穆一班，后考入国立南京高等师范学校，师从著名史学家柳诒徵先生，时任厦门集美学校教务长。

集美中学由著名华侨实业家陈嘉庚先生所创，校歌为："闽海之滨，有我集美乡，山明兮水秀，胜地冠南疆。天然位置，惟序与黉，英才乐育，蔚为国光。全国士聚一堂，师中实小共提倡。春风吹和煦，桃李尽成行，树人须百年，美哉教泽长。'诚毅'二字心中藏，大家勿忘，大家勿忘！"其中"诚毅"二字，意思是诚以为国，毅以处事，为陈嘉庚亲定校训，体现其爱国经世的特色。

到集美中学以后，钱穆任高中部、师范部三年级同届毕业生的两个班的国文课，讲授曹操的《述志令》。他认为汉末建安时期正值古今文体发生转变，不仅五言诗在此肇兴，而且散文体体裁也与以前不同，这都得归功于曹氏父子，学生听后为之折服。在此期间，他还读了《船山遗书》，后来在北大撰写《中国近三百年学术史》一书，其中王船山一章所用的资料即来源于此。他所著的《庄子纂笺》也是与王夫之注《庄子》有关，尤其受到王夫之关于屈原居湘其实是汉水而不是湖南湘水的启发，在其撰写《先秦诸子系年》一书中有详细记述。此后的《楚辞地名考》《周初地理考》《三苗疆域考》《史记地名考》等他对古史地名沿革的研究，亦皆发端于此。在集美中学期间，钱穆除与同学施之勉常常见面外，还和新知同乡蒋锡昌以学术相砥砺，如蒋氏研究《庄子》有得，直接影响着他后来的庄学研究。

1923 年，无锡江苏省立第三师范资深教席钱基博推荐钱穆到该校任教。钱基博，字子泉，与钱穆同族，著名文学家，钱锺书之父。钱穆常赞其为人与学问，称自己在厦门、无锡、苏州三地中小学任教长达八年之久，同事超过百人，最钦佩的首推钱基博。生平相交，治学勤奋，待人厚道也首推钱基博。依学校旧制，国文教师随班递升，从一年级至四年级毕业后再回任一年级；除国文外，每年必兼开一门课，分别是文字学、《论语》《孟子》《国学概论》，教者各自编撰讲义。钱穆第一年教文字学，讲六书大义，未付印刊行。第二、第三、第四年分别编撰的《论语要略》《孟子要略》《国学概论》，后经改定均出版。

1924 年，钱穆为二年级上《论语》，自编讲义，提出现在读《论语》的四条原则：第一，要注意书中的人物、时代、行事，使书本有活气。第二，要注意书中的分类、组织、系统，使书本有条理。第三，要注意书本与同时及前后各时有关系的书籍，使书本有联络。第四，要注意书本与当代切身切世有关系的事项，使书本有应用。他对孔子思想的研究集中在"仁"与"直"两个范畴上，认为"仁"从二人，内部讲指"仁心"，外部言指"仁道"。"直"即是"诚""中""公道"，揭示孔子学说的真谛。后来，钱穆执教于燕京大学，一日在一公园中碰到冯友兰，冯氏开始便讲：从来讲孔子思想很少提及"直"字，你所著的《论语要略》尤其提及此字，既新鲜又有理。我所撰的《中国哲学史》已采纳。

钱穆讲《孟子》或《孟子要略》（后以《孟子研究》之名出版），指出孟子学说三大贡献。第一，发明性善之旨，为中国传统政教纲领与文化精神所依托。第二，孟子养气之说，此为修身之要。第三，孟子论知言，尽心知性，尽性知天，性与天道合一，归于性善之旨，孟子学说的基本精神便是性善，其他思想皆由此而出。

钱穆讲授《国学概论》，当时国学书籍的编纂以经、史、子、集四目为主，如章太炎的《国学概论》及相关讲演等，在钱穆看来，这很难赅备，而自己所作与章氏的旨趣不合，因此不取章氏书。钱穆对国学的理解，不遵循一般经、史、子、集四部分述的成规，而是别出手眼，将传统学术分期立章目，以突显每一时期学术思想主要潮流之所在，使读者易于把握历代学术流变的大趋势，以此来培养其适应启新的机运之能力。在具体编排上，采取纲目方式叙述，以正文为纲要，其所称引与之相关辩证，则写为小注。读其正文，得其扼要，读其注文，可详细了解其曲折原委，兼观并览，然后可以尽其意趣。

无锡三师可谓名师荟萃，有钱基博、钱穆、沈颖若等，他们尤擅长国文。徐铸成在《难忘的老师——追念钱宾四先生》一文中回忆："三师重视文言文，国文课特别重要，一周五天有国文课，还有几小时读经课。我就听了钱先生一年课，这一年，他教《论语》《孟子》。他教的与别人不同。钱先生在学问上，喜创新，喜突破别人做过的结论，总是要自己想，执着自己的观解。学生们对他很钦服。"

1927年秋天，钱穆应汪懋祖之邀，任教于苏州省立中学。汪懋祖，字典存，曾留学美国，任过北平师范大学校长，著名教育家。汪懋祖来校后延揽许多人才，如陈去病、吴梅、吕叔湘、胡哲敷等皆来校执教，又有章太炎、胡适、顾颉刚、张其昀、欧阳予倩等来校讲演。汪氏治校重学分制，也重视教学研究，使苏州中学成为当地重要的学术基地。钱穆来苏州中学后，任最高班的国文课，任全校国文的主任教席和最高班的班主任。他讲课颇具特色，很受欢迎，据当时的学生胡嘉回忆："钱先生身躯不高，常穿布大褂，戴金丝眼镜，头发偏分，面露笑容，口才很好。讲解古文，巧譬善导，旁征博引。他的国语尽皆吴音，但吐音明白，娓娓动人。有时高声朗诵，抑扬顿挫，余音绕梁。他教国学文和学术文两课程，其实学术文也是选读从古到今代表每一时代学术思想的文章。例如，先秦时代，他选读司马谈《论六家要旨》。讲课同时，他又讲当时学术思想的发展演变，还教学生做笔记。我因记录详细，并参考各书引证，受到钱先生的赞赏。"

1928 年夏秋之际，钱穆的妻子及新生婴儿相继而亡。当时其兄钱挚执教于无锡荣巷荣氏新创立的荣巷中学，闻讯后速回家帮他料理后事，因劳伤过度，旧病突发，不幸也溘然长逝。两个月内，连遭三丧，对他来说，打击之大难以想象。一年后，钱穆在苏州与张一贯女士完婚，开始了新生活。

1929 年，毕业于清华大学国学研究所的方壮猷为胡适《章实斋年谱》作补编，一天到苏州相访，告知钱穆，商务印书馆编《万有文库》，其中《墨子》《王守仁》尚无人承担。钱穆自荐担当，接受此项任务后，夜以继日地赶写，不久两书告成，收入《万有文库》。此间，他还曾应苏州青年会学术讲演会之邀，讲演"易经研究"一题。

近代《墨子》的研究，从卢文弨、孙星衍、毕沅的校勘，至孙诒让的《墨子闲诂》，积聚了一百年来十数大儒的心力，辟莽开榛，其说日备。现代研究墨学的，有章太炎、梁启超、胡适、章士钊，其他不可胜数。汇集诸家讲《墨子》的著作，应该不在千万言以下。要在一本两三万字的通俗小书里讲通、讲懂墨学，实是一件难事。钱穆的创见在于解决了以往的学者想要解决而没有解决的墨学问题。如墨家得名的由来、墨子的生卒年代、墨学的全部系统、别墨与《墨经》，以及许由、宋钘、尹文、惠施、公孙龙诸家和墨学的关系，在本书里均有独到的见解。

讲理学最忌讳的是搬弄几个性理上的名词，作训诂条理的功夫，而不注意其人文精神之所在。其次是争道统，立门户。讲王阳明之学，上述伎俩，更是使不得。钱穆著《王守仁》一书篇幅不大，要把王学的深细曲折处——剖示是不能的，但对王学的真精神，已作了扼要的阐述。他论述王学上溯到宋学追其源流，至王学本身，则尤其提醒读者，应当摆脱训诂和条理的局限，直透大义，反向自心，以此看王学无不豁然解悟。阳明讲学，偏重实行，事上磨炼。讲王学的人，不可不注意王阳明一生的事业，由此才能得王学事上磨炼的真精神。

1930 年，发生了几件对钱穆产生终身影响的事，这就是与胡适、顾颉刚、蒙文通相识见面。

此间胡适应邀前来苏州女子师范演讲。他来苏州的原因之一，就是想见钱穆，因此前已经看到钱穆在杂志上发表的有关诸子研究的文章。二人相见时间不长，但已知彼此意见不合。胡适主张用白话文写文章，钱穆则主张用文言文写文章，但不是无条件地否定白话文，他早在后宅小学教书时就用白话文上课，指导学生用白话文写作。他虽与胡适不和，但也承认当时受胡适的影响。他谈及近代学风转变时指出："最先为余杭章炳麟，以佛理及西学阐发诸子，于是墨、庄、荀、韩诸家皆有创见。绩溪胡适、新会梁启超继之，而子学遂风靡一时。"接着又援引柳诒徵的话说："清儒尊孔崇经之风，实自三人之说而变。学术思想之途，因此而广。启蒙发凡，其说多疏，亦不足怪。论其转移风气之力，则亦犹清初之亭林、黎洲诸家也。"对章太炎、梁启超、胡适等人在当时学术界的影响，给予客观的评价。实际上，钱穆不仅受胡适的影响，同时也受章太炎、梁启超的影响。这次会见彼此还算尊重，应该说，胡适并不拒斥钱穆，后来钱穆能去北京大学任教与胡适不无关系。

常和钱穆通信论学的蒙文通在南京支那内学院听著名佛学大师欧阳竟无讲佛学，一天来到苏州与钱穆相见，两人游山玩水，畅谈古今达数日，真是痛快之至。蒙文通读到钱氏《先秦诸子系年》初稿后对他说："君书体大思精，惟当于三百年前顾亭林诸老前辈求其伦比。乾嘉以来，少其匹矣。"经蒙文通推荐，书中有关墨家诸篇发表在南京的一个杂志上。

又适顾颉刚从广州中山大学赴北平燕京大学任教，返苏州故里小住，与钱穆相晤。顾颉刚看过《先秦诸子系年》稿，很是欣赏，认为钱穆已不宜在中学教国文，应去大学教授历史，遂推荐其去中山大学。由于中山大学以讲述康有为今文经学为中心，钱穆对康氏《新学伪经考》产生怀疑，又加之汪懋祖挽留，便谢绝了中山大学的聘请。又应顾颉刚之邀，钱穆把写好的《刘向歆父子年谱》一文寄去，顾颉刚不介意钱穆的观点与自己意见相左，便把此文刊在同年《燕京学报》第七期上。对此钱穆终生不忘。他后来回忆，这种为发展繁荣学术的胸怀，为他所欣赏，已超过私人之间的知遇之恩。也正是这篇文章确立了钱穆在学术界的地位。同年6月，经顾颉刚举荐，燕京大学聘钱穆去任教。这样，他就结束了求学教书艰苦的年代，开始了人生学术的新历程。

致良知以明心性

这一时期，钱穆对王守仁的研究颇具特色，为商务印书馆写完《王守仁》后，又多次增改，并以《阳明学述要》之名出版。该书揭示王阳明的真精神，依次讨论的问题是："宋学里面留下的几个问题""明学的一般趋向和王学以前及同时几个有关系的学者""阳明成学前的一番经历""王学的三变""王学大纲""阳明的晚年思想""王学的流传"等。书后为"阳明年谱"。钱穆把阳明学放在整个宋明学术本体论与工夫论（修养方法论）的走向和争论的背景上来加以考察，讨论了阳明的心路历程，以及良知、知行合一、致良知、诚意、谨独、立志、事上磨炼等主要命题。

在明代理学家中，钱穆最重视王阳明。王阳明一生可算是以身教身、以心教心，最具体、最到家的一个实例。他认为王阳明平生讲学，总是针对着对方讲，从不凭空讲。也不讲书本或天地万物，他只是本着自己内心的真实经验讲。具体地说，阳明讲的是良知之学，只是讲人之心，从而本着自心来指点内心。他的学术是真正的心学。钱穆把陆象山看作理学中的别出，把王阳明看作别出儒中的登峰造极者。所谓终久大的易简功夫，已走到无可再易再简，因此说他登峰造极。

钱穆在解释王阳明的"良知"时指出，阳明的良知就是知善知恶。陆象山说"心即理"，王阳明为他补充，说心有良知，自能分辨善恶，人心的良知就是天理。知善知恶是能知的心，善恶是所知之理，它们之间是不同的。就宇宙而言，是非不一定就是善恶；就人生而言，是的便是善，非的便是恶。一个是物理，一个是事理，朱子把这两者合拢讲，王阳明则分开说。王阳明所谓天理，主要是指人生界的事理，不再泛讲天地自然。如此便把天理的范围变狭窄了。阳明说这一种是非的最后标准根本在于人心的好恶。人心所好就是是，人心所恶便是非。所好所恶者，虽然是外面的事物，但好之恶之者是人的心。如果没有我心的好恶，外面事物根本没有是非可言。纵然说人心有时不知是非，但哪有不知好恶的呢？知得好恶，就是知得善恶，因此说知善知恶是良知。人哪有不好生恶死的？因此助长人生便是善，陷害人死便是恶。此理因人心好恶而有，并不是在没有生命、没有人心好恶以前，便先有了此理。人心虽然好善好恶，但从善去恶则是人的理想追求。钱穆由此研究了王阳明的"知行合一"。

钱穆认为，王阳明所谓的知行合一，不知工夫，而是指本体，即知行本属一体。王阳明的弟子徐爱因没有理解他老师的知行合一，来问王阳明：人都应知道对父兄要孝悌，却有不孝不悌的现象，这说明知行分明是两件事。王阳明说，人类知有孝，一定已经先自孝了。知有善，必已先自善了。这样岂不又成了行先于知吗？钱穆以为，如果就宇宙而言，行先于知是不错的（除西方宗教论外）。但如果就人文界而言，人类一切行为没有不发于心的，一般说心是知，不是行，因此心即理。说知行合一，却不说行先于知。

王阳明认为心是知行合一的。如果把这番话推到宇宙界来讲，朱熹的理气论，也可以说理是气的主意，气是理的工夫。只说理，已有气；只说气，已有理。理气也是合一的。王阳明说的"知是行之始"与朱熹说的"理先于气"岂不一致了吗？钱穆认为，这里是有分别的。王阳明说的知是活的有主意的；朱熹说的理是静的无造作的。朱熹说知只是觉，而王阳明说知却有好恶的意向。朱熹只说心能觉见理，却没有说心之所好就是理。朱熹是性与心二分，王阳明是性与心合一。因此，朱熹不得不把心与理分离，而王阳明则自然把心与理合一。如果心知了只是觉，则知了未必便能行，所以心与理是两个；如果心知觉中兼有好恶的意向，则知了自能行，所以心与理是一个。

钱穆由王阳明的心与理是一，进一步谈到他的工夫论，认为阳明用"诚"代替"敬"是他与程朱心学工夫上的主要分歧点。这种所谓心体之诚，说起来容易，做起来不易。人自有生以来，就有种种习染，积累成私欲，就像镜上尘埃，水中渣滓，夹杂在心，把心体之诚遮掩了。那么如何廓清心体呢？钱穆指出，王阳明发明了两种工夫，一是常教人静坐，息思虑，使自悟性体。阳明的这番工夫，有点像张载、程颐所谓变化气质，以及朱熹所谓静存动察。尤其是佛家对此种工夫更加注意。而这种静坐与省察克治仅是消极工夫。二是教人致良知，教人即知即行，这是积极的工夫。因为人人都有良知，人人都能自知善恶。如果自知这一念是恶，就应该把它克了，从而彻底不使这一念潜伏在胸中。如果自知这一念是善，就应该扎扎实实地依着这一念去做。不要使潜藏在心里的和显露在外面的日渐分成两半，如此可谓是存天理灭人欲。此种做法便能使人心纯乎天理，达到知行合一的境界，成为圣人。

王阳明的良知之学实在可称为一种心体的实践论。与其说他看重知，不如说他更看重行；与其说他看重心，毋宁说他更看重事。钱穆在总结王阳明良知之学的基本原理时，认为所谓致良知，是叫我们去事上磨炼。所谓事上磨炼，是叫我们立诚。所谓立诚，是叫我们认识此知行合一的原来本体。一切所知的便是所行的，所行的便是所知的。平常人们把知行划成两截，就内心言，往往潜意识与显意识暗藏着冲突。就人事言，往往心里想的与外面做的并不一致。种种利害的打算，把真性情隐晦了。这些都不是良知，都不是天理。人不需于良知外别求天理，真诚恻怛的性情，便是天理本原。须求自心的潜意识与显意识能融成一片，须求外面所行与内心所想也融成一片。全无障隔，全无渣滓。钱穆在分析王阳明良知之学原理的基础上，考察了阳明根据良知之学所幻想建立的理想社会。在钱穆看来，人文世界的演进愈来愈复杂，外面事变纷繁，利害关系复杂，使得人人的心都包蕴着重重冲突和矛盾，潜藏的和显露的不一致，内心所打算的和外面所表白的不一致。不仅人与人之间有一层障碍，而且自己心里也存在着种种障碍，结果便把原来的心态、本心、良知皆丧失了。丧失本心、良知后的人之表现被阳明称为"人欲"。本来天理是由人欲而生，但后来人欲却阻碍了天理。

钱穆认为，中国思想史里最缺乏的是宗教。但中国却有一种入世的人文宗教。儒家思想的最高发展必然常有此种宗教精神作源泉。人人皆可以为尧舜就是这种人文宗教的最高信仰、最高教义。这种人文宗教的天堂就是理想的现实社会。要造成这一理想社会，必先造成人们理想的内心世界，人人共有的心灵生活。这种内在的心地，孔子曰"仁"，孟子曰"善"，阳明曰"良知"。只要某人到达这种心地，这个人已先生活在这个社会中了。这是此理想社会的起点。而人人达到这种心地和生活，其人生才是不朽的，人类文化理想才成为可能，理想社会才能圆满实现。如果依照阳明的话说，人类达到这种境界，便觉得人生古今、天地万物只是一个良知。钱穆把它称为中国思想中的一种唯心论，一种人生实践的唯心论，与西方由纯思辨中得来的唯心论不同。这种人生实践又必然常有中国传统的宗教精神，即所谓入世的人文宗教精神。

钱穆抓住阳明学的核心"良知之学"，对其学术思想总体把握，指出阳明的良知就是天理。而什么是天理？从程颐到朱熹提出"格物穷理"的教法来看，要明理首先就必须格物，格物一旦达到豁然贯通的时候，才算是明白了这个天理。这种天理的获得太难了，非下苦功夫不可。阳明认为天理就是人心的良知，天理本身不需要劳神辛苦地向天地万物去穷格。这显然与程朱传统不同。那么良知又如何就是天理呢？阳明说，天理逃不掉善与恶两项，正因为人心本身分别有善与恶之知，故人心的良知就是天理。既然人同此心，心同此理，那么人为什么有凡人与圣人之分？阳明认为这在于人是否能发明本心，体悟天理。其良知发展到最高处，就是人人皆可为尧舜。做尧舜的条件不在外面的事业上，而在自己的心性上。人的才性有不同，但就其才性发展到至诚至尽处，便都是尧舜。就像佛教发展到禅宗惠能，人人都可以成佛一样。

钱穆指出，王阳明"良知就是天理"与"知行合一"有关。所谓"知行合一"是指知行本体原来是合一、不分开的；良知便已包有行，良知也已包有天理，故知行就是良知。程朱要下苦功夫格物穷理，阳明以为只要知与行达到真实合一处，便就是天理。必须要等到人人具备了圣人的人生，才是理想的人生，社会才是理想的社会。通过钱穆的论述，我们懂得，王阳明的真精神不在为学术而学术，而在于通过良知之学，以及"人心的良知就是天理"的简单教法，建立一个具有圣人品格的理想人生和理想社会。

探国故寻新知

钱穆对古代学术的新见解主要表现在《国学概论》一书中。此书内容包括孔子与六经、先秦诸子、嬴秦之焚书坑儒、两汉经生经今古文之争、晚汉之新思潮、魏晋清谈、南北朝隋唐之经学注疏及佛典翻译、宋明理学、清代考证学、最近期之学术思想，共十章。最具特色的有以下几个方面。

孔子与六经的关系。今文经学认为孔子与六经有着密切的关系，六经为孔子所作。钱穆则认为，孔子与六经无关。如在探讨《周易》与孔子关系时，他认为孔子言"易"见《论语》有两处，即"加我数年，五十以学《易》，可以无大过矣"，又"南人有言曰：'人而无恒，不可以作巫医，善夫！不恒其德，或承之羞'，子曰：'不占而已'"。他认为"五十以学易"，古《论语》作"易"，鲁《论语》作"亦"，连下读，比较观察文义，鲁《论语》是正确的，因此尤孔子"五十以学易"之说。而"因人之无恒，而叹其不占，与南人之言，同类并举，亦博弈犹贤之意"，无司马迁所谓的"韦编三绝"之说。《易传》非孔子作，后人多有证明。至于其余经书也与孔子无关，钱穆得出孔子以前未尝有六经，孔子也未尝造六经，六经为汉儒所为，称谓始于王莽的结论。他的这一立场与古文经颇为相似。

先秦诸子的研究。钱穆揭示了诸子的精神。他指出："所谓诸子学者，虽其议论横出，派别分歧，未可一概，而要为'平民阶级之觉醒'，则其精神与孔子为一脉。此亦气运所鼓，自成一代潮流。治学者明乎此，而可以见古今学术兴衰起落之所由也。"他的观点是上古学术为贵族阶级所特有，具体表现在贵族封建及其宗法制度上，国家就是家族的扩大。概言之，古代学术，只有一个礼，古代学者，只有一个史，这便是贵族学时代。在这个时代，政治和教育没有分离，官员和老师合二而一，学术为王官所有，民间没有著述，这是西周时期的学术特点。周平王东迁，"天子失官，学在四夷"，史官和礼崩溃，学术散布民间，形成诸子百家，平民学由此开始。诸子学实质是平民之学。随着贵族阶级被平民阶级所取代，贵族的王官之学也为平民的子学所取代。

这是他结合时代特点对诸子精神的把握。

钱穆以儒墨两家梳理诸子，强调诸子多重关系中的一个基本关系，就是儒家与墨家，这两家为当时显学。他认为，概括地讲，先秦学派不出两流：其倾向于贵族化者曰儒，其倾向于平民化者曰墨。儒者偏重政治，墨者偏重民生。法家主庆赏刑罚，源于儒；道家言反朴无治，源于墨。因此一主礼，一非礼。一主仕进，一主隐退。一尚文学，一主劳作。根据当时学术界的分野，以儒墨两家为轴心来梳理其他诸家，建立以儒墨为主的诸子学系统。另外，就以上诸家对于贵族生活的意见来看，他认为，"荀子从富力之分配与功效立论，而承认治人阶级之贵族生活者也。墨子从富力之消费立论，而反对治人阶级之贵族生活者也。孟子、许行、陈仲皆自富力之生产立论，而于治人阶级之贵族生活，或赞成或反对者也。宋钘则自富力之需要立论，庄周、老子则自富力之享用立论，而反对社会一般之奢侈者也"。"又其次为韩非。非本学于荀卿，而好老子书，遂融两家之说，倡法之论，于当时学者阶级之气焰，尤深愤慨。"其基本主张，春秋末期，贵族阶级一旦崩坏，社会组织开始了大的变动，这是当时第一件大事。因此，孔子以后学者精神所关注的，无非是讨论人类政治与生活这两大问题。其他论点，皆可由此而引申。只有知晓这一道理，才能把握先秦学术的真相。

他还把先秦诸子具体分为前后三个不同的历史时期，并分别指出不同历史时期诸子们所面临与讨论的中心问题，使我们进一步看出先秦学术发展不同阶段的特点。第一时期是孔子和墨子的时期。当时所讨论的中心，是贵族阶级的生活如何走正路，如何使之成为正当的问题。第二时期是陈仲、许行、孟子和庄子的时期。当时所讨论的中心，是知识分子自身对于贵族阶级究竟应抱有什么态度的问题。第三时期是老子、荀子和韩非子的时期。当时所讨论的中心，是士阶级的气焰与扰动，如何使之渐渐归于平静与消灭的问题。因此，初期问题中心是礼，中期问题中心为仕，末期问题中心是治。他认为这种划分基本上反映了先秦诸子思想的流变。第三时期诸子在解决如何治的问题上，儒与墨的冲突表现为韩非子的法与老子的无为之间的对立。在这里，他进一步发挥了法家从儒家转来、道家从墨家转来的主张。

钱穆对近世学术的研究也颇具特色。他认为，最近时期之学术思潮不外乎两个方面：一则汲取旧传的余波，一则振兴未有的新澜。所谓承接旧传之余波主要指诸子学的发明、龟甲文的考释与对古史的怀疑。这三方面不过是承清儒穷经考古的遗绪，而稍变其面目罢了。其所谓的新澜主要指西学东渐以来传统学术所面临的如何创新。在这方面，他服膺孙中山的学说，指出其思想贡献：第一，能融会旧传统，开创新局面。第二，对西方思想不仅能接受，还能批评，能在自己的思想系统里来接受、来批评。第三，他的思想态度能承续近代中国思想所必然发展的客观路向。他的三民主义以知难行易的哲学为基础，融会了传统的知行学说，所谓"五权宪法"和"五院制度"，在借鉴西方政治理念的同时，吸取了中国古代的考试、监察等制度，他在不失中国文化大传统的前提下，吸取西方先进经验，使中西文化熔为一炉。

最后，钱穆对传统学术作了十分精彩的回顾与展望："要而言之，则此十七年（民国建立后十七年）之学术思想，有可以一言尽者曰：出于'救国保种'是已。故救国保种者，十七年学术思想之出发点，亦即十七年学术思想之归宿处也。而言夫其所争，则多有所不必争者。而所以起争之端，则不出两病：一曰好为概括的断制。见一事之敝，一习之陋，则曰吾四万万国民之根性然也；一制之坏，一说之误，则曰吾二千年民族思想之积累然也。而不悟其受病所在，特在局部，在一时，不能若是其笼统以为说也。一曰好为传统之争。言救国则曰当若是不当若彼，言治学则曰当若是不当若彼，惟求打归一路，惟我是尊，不悟此特自古学者道统成见之遗毒。学固不患夫多门，而保种救国之道，亦不尽于一途也。舍其所以为争者而观之，则今日学问界所共趋而齐赴者，亦可以一言尽之，夫亦曰：'吾民族以前之回顾与认识者为何如'，与夫'吾民族此后所希望与努力者将何如'而已。尝试论之：皇古以还，吾民族文化真相，今犹无得而详矣。要之成周以降，则中国古代文化学术一结集综整之期也。如风之郁而动，如食之积而消。先秦之际，诸子争兴，是为学术之始变。秦人一炬，古籍皆烬，至于汉室，国力既盈，又得为结集综整之事。至晚汉、三国、两晋以往，则又学术之一变也。隋唐盛世，上媲周、汉，则又为一结集综整之期。至于十国扰攘，宋人积弱，迄于元明，则又学术之一变也。清人入主，康、雍、干、嘉之际，又一结集综整之期。至于今世变日亟，国难方殷，则又学术将变之候也。而其为变之兆，有已得而见者。余尝论先秦诸子为'阶级之觉醒'，魏晋清谈为'个人之发现'，宋明理学为'大我之寻证'，则自此以往，学术思想之所趋，夫亦曰'民族精神之发扬'，与'物质科学之认识'是已。此二者，盖非背道而驰、不可并进之说也。至于融通会合，发扬光大，以蔚成一时代之学风，则正有俟乎今后之努力耳。"

钱穆提出传统学术不同时代的特色，如先秦诸子"为阶级之觉醒"，魏晋清谈为"个人之发现"，宋明理学为"大我之寻证"，以见学术的流变，与此同时，强调汉代和清代则为学术"结集综整"时期，学术正是在不断发展与融通总结中前进的。他批评当时出于救国保种的愿望而形成的激进派思潮的武断和片面，指出他们对民族传统和国民性的"概括的断制"，全面的攻击，缺乏客观研究的基础，伤害了民族之根。新文化运动人物的"惟我独尊"，实际上因袭了他们所批判的古学独断论的遗风，排斥多样，看不到保种救国之道不尽于一途，歪曲了民族文化的真相。在中西文化冲突面前，学术到了途穷必变的时候。对于这种变化的总趋势，钱穆预测为物质科学与民族精神的并进。他的回顾与前瞻是非常卓越的，正因为他有着历史感，因而不仅能正确指出学术思潮变迁之所以然与当时的病痛，而且能借鉴历史，指示未来。

《国学概论》是钱穆第一部系统概述传统学术的著作，提出许多新颖独到的见解，为日后的进一步研究开了诸多绪端，也就是说，他后来对学术史不同断代与专题的研究都从这本书引出，其地位与学术价值不可小看。该书出版后很受学界欢迎，而且广为流传。20 世纪 50 年代香港高三学生参加毕业会考，此书是必读的参考书。

平息经学今古文之争

如果把《国学概论》当成对传统学术的宏观研究，那么《刘向歆父子年谱》则属个案，正是这一杰出的个案研究，使他跻身于当时的北平史坛。

清末康有为撰写《新学伪经考》，主张一切古文经为西汉刘歆所伪造，只有今文经才算是经书。今文经则均是孔子托古改制的。康有为是托孔子之教，以求变法图强。但民国初年，由康有为所开启的新学伪经之怀疑学风，沿袭至新文化运动时，形成疑古辨伪的学术潮流。这种潮流认为中国古史为后人层累假造，其主旨是还历史原貌，写一部信史。疑古辨伪发展至极端，致使人们对经史古籍存疑不信，进而怀疑一切固有的学术文化。钱穆发现这种学术潮流已经严重地损害了民族精神。想要扭转风气，追根溯源，就必须匡正新学伪经的谬论，平反古文经的冤狱，于是写成《刘向歆父子年谱》。钱穆所用的方法很简单，大体可以说是根据《汉书·儒林传》的史实，从西汉宣帝石渠阁议奏，至东汉章帝白虎观议奏，五经异同一百二十年间，诸博士的意见分歧，原原本本地看出当时各家各派师承家法及经师论学的焦点所在。钱氏梳理出两汉经学诸史实，逐年列出，进而指出康有为《新学伪经考》说刘歆伪造古文经之不通，有二十八处。主要包括以下三方面。

第一，从时间看。刘向死于汉成帝绥和元年（前8），刘歆复领校五经在二年（前7），争立古文经博士在哀帝建平元年（前6），离刘向死不到两年，离刘歆领校五经才数月。刘歆伪造诸经是在刘向未死前还是在死后？如果说在刘向死前，刘歆已编伪诸经，那么刘向为何不知道？如果说是在刘向死后两年，刘歆领校五经才几个月，怎么能这么快编造伪诸经？这显然说不通。

第二，从伪造方法看。所谓造伪方法是指刘歆编伪诸经是一人所为还是多人所为？如果是一人所为，古代书籍为竹简制成，非常繁重，设想若一人所为，是绝对不会造出群经的。如果说是众人所为，那么为什么这么多造伪经的人中没有一个人泄露其伪呢？当时有许多学者与刘歆共同参加编纂五经的工作，为什么没有一个人说刘歆伪造诸经？其中还有一些有名的经学家，如尹咸父子、班游等，其中尹氏父子位在刘歆之上，也没说刘歆造伪。苏竟与刘歆同时校书，东汉开始尚在，其人正派，也没有说刘歆造伪。扬雄校书天禄阁，这是当年刘歆校书的地方。如果说刘歆造伪经，扬雄为何看不见伪迹。东汉诸儒，如班固、张衡、蔡邕共同校书，也未见刘歆造伪之迹。桓谭、杜林与刘歆同时，都是通博洽闻之士，而且在东汉朝廷地位也很显赫，为何不言刘歆造伪经书？钱穆列举了大量实例考证，无论是从个人还是从众人角度来讲，说刘歆伪造经书均不可信。

第三，从伪造经书的目的来看。康有为认为，刘歆伪造经书的目的是为王莽篡权服务。钱穆则认为刘歆争立古文诸经的时候，王莽刚退职，当时绝对没有篡权的动向，说刘歆伪造诸经是为王莽篡权服务是毫无根据的。说刘歆伪造诸经献媚于王莽，主要指《周官》。然而《周官》属晚出书，在争立诸经时，《周官》不包括在内。后来是王莽依据《周官》以立政，不是刘歆根据王莽的意图来伪造《周官》。说献媚于王莽并帮助他篡位的"符命"。"符命"渊源于灾异，喜欢讲灾异的是今文经学家。刘歆既不言符命，也不言灾异，不说《今文尚书》，与王莽篡权无关。《周官》是王莽得志后据以改制，不是凭借助篡的。至于说刘歆伪造《周官》以前，已先伪造《左传》《毛诗》《古文尚书》《逸礼》诸经，《周官》所以献媚于王莽，伪造《左传》诸经又是干什么？说刘歆伪造诸经为王莽篡权服务，那么王莽篡权后，刘歆应该得意，为国师公，倍加尊信，而王莽当朝六经祭酒、讲学大夫多出自今文诸儒，这又怎么说呢？而且《左传》传授远在刘歆之前，有其渊源，也非刘歆伪造。至于其他经书在先秦就有，并不是刘歆伪造的。

在钱穆看来，无论是从时间上、从方法上或目的上，说刘歆编造伪经都是毫无根据的，是不可信的。总之，绝对不存在刘歆以五个月时间编造诸经能欺骗其父，并能一手掩尽天下耳目之理，也没有造经是为王莽篡权服务之说。这纯系康氏为了托古改制而杜撰的。

钱穆以客观史实来解决今古文之争，摧陷廓清嘉道以来常州学派今文学家散布的某些学术迷雾。《刘向歆父子年谱》不但结束了清代经学上的今古文之争，平息了经学家的门户之见，同时也洗清了刘歆伪造《左传》《毛诗》《古文尚书》《逸礼》诸经的不白之冤。自从此书问世以后，几十年来，凡是讲经学的都能兼通今古，古文经学家如章太炎和今文经学家如康有为之间的鸿沟已不复存在。学术界已不再固执今文古文谁是谁非的观念。此书出版后得到学术界的共鸣。青松称"（钱文）列举康氏之说不可通者二十八端，皆甚允当"。孙次舟在《左传国语原非一书证》文中说："刘歆并无遍窜群籍之事，此自钱宾四先生刊布其《刘向歆父子年谱》已大白于世"，其文"颇足关康有为辈之口"。缪凤林盛赞钱穆之文为"近人的一篇杰作"。胡适对钱著也给予肯定。他在日记中说："昨今两日读钱穆先生的《刘向歆父子年谱》（《燕京学报》七月）及顾颉刚的《五德终始说下的政治和历史》（《清华学报》六·一）。钱谱为一大著作，见解与体例都好。他不信《新学伪经考》，立二十八事不可通以驳之。顾说一部分作于曾见钱谱之后，而墨守康有为、崔适之说，殊不可晓。"

后来，钱穆著《两汉博士家法考》（1943），更详细地研究、分析了东汉西汉博士家法。在清末振起旋风的廖平的《今古学考》，有二十表，把汉代今古学之分野一一追溯至战国。钱穆详驳廖平，考证汉博士家法迟在汉宣帝时期。"及其枝分脉散，漫失统纪，歧途亡羊，无所归宿。不仅无当于先秦之家言，抑且复异于景武之先师。两汉书《儒林传》，可资证明。"他告诫研究经学，尤其要读正史中的《儒林传》，不读《儒林传》则会失本真而不知，而这一切都是经学中的门户之见所害。

钱穆的《孔子与春秋》（1953）对于古今经学流变的大体，以及经学与儒家的离合异同，提絜纲领，穷竟原委，尤其注意学术与时代相配合、相呼应之处。这样，汉儒与清儒之间的辩论就十分清楚了。他认为，汉儒今古文诸师在同一时代，有共同的精神。他们的学术与汉代的潮流精神相应和，共同形成一时代的学术。清儒晚出两千年之后，时代不同，清儒虽自号其学为汉学，其实只是一门户的号召，其于汉儒真相和汉学精神，不甚了解，也少有发现。

以上所讲三篇，都是力辟今文经学家考证的文字。钱穆1930年所作的《周官著作时代考》却与今文家《周官》晚出的看法相同，所以说，他是无门户之见的。是篇对《周官》制作年代及与古文经学的关系，作了详考，指陈了后代经师关于《周礼》的种种失误。他认为，不仅经学中有门户，即使是经学本身，也是一门户，"苟锢蔽于此门户之内，则不仅将无由见此门户之外，并亦将不知其门户之所在，与夫其门户之所由立矣。故知虽为征实之学，仍贵乎学者之能脱樊笼而翔寥廓也"。这显然是一种超越门户之争的博大宽容的气象。

从康有为联系到晚清经学，钱穆给予总评说："晚清经师，有主今文者，也有主古文者。主张今文经师之所说，既多不可信。而主张古文诸经师，其说也同样不可信。且更见其疲软而无力。此何故？盖今文古文之分，本出晚清今文学者门户之偏见。彼辈主张今文，遂为今文诸经建立门户，而排斥古文诸经于此门户之外。而主张古文诸经者，亦即以今文学家门户为门户，而不过入主出奴之意见之相异而已。"这种门户之争造成"不仅群经有伪，而诸史也有伪。晚近世疑古辨伪之风，则胥自此启之"。在他看来，"夫史书亦何尝无伪？然苟非通识达见，先有以广其心、沉其智，而又能以持平求是为志，而轻追时尚，肆于疑古辨伪，专以蹈隙发覆、标新立异为自表禄之资，而又杂以门户意气之私，则又乌往而能定古书真伪之真乎？"鉴于这种争门户和疑古风气的泛滥，他研究经学的目的和宗旨在于"撤藩篱而破壁垒，凡诸门户，通为一家。经学上之问题，同时即为史学上之问题。自春秋以下，历战国，经秦迄汉，全据历史记载，就于史学立场，而为经学显真是。遂若有以超出于从来经学专家藩篱壁垒之外，而另辟途径，别开户牖，此则本书之所由异夫前人也"。这正是钱穆所谓经学精神和治经方法的充分体现。

如前所说，钱穆是一位通儒。他精通经学之古文经与今文经，经学之外，又精通史学、子学、文学。方法上，他精通考据、义理、辞章之学。他常说在中国学术史上，通儒的地位往往在专家之上。钱穆本人就是20世纪国学界的一位通儒，经、史、子、集无不涉猎，而且各有深入。他最初从文学入手，然后治集部，后转入理学，再从理学反溯至经学、子学，然后顺理成章进入清代的考据学。清代经学专尚考据，所谓从训诂明义理，以孔、孟还之孔、孟，其实即是经学的史学化。所以，钱穆的最后归宿在史学。在解决汉代今古文经学的争论时，他是"就于史学立场，而为经学显真是"。事实上，他无论是研究子学、文学、理学，也都是站在"史学立场"上的。可以说，"史学立场"为他提供了一个超越观点，使他能够打通经、史、子、集各门学问。而且他的治学经验使他深切体会到，如果划地自限，拘束于某一门户之内，则对此门户本身也不能得到比较完整的了解。

第4章

北上教书　文惊学坛

1930 年秋，钱穆北上，执教于燕京大学，开始了他人生的新旅程。在此期间，他把自己早年的学术积累运用于实践，功夫不负有心人，学术上的辛勤耕耘换来了丰硕的成果，他跻身于一流学者的行列。

最受欢迎的老师

初进燕京大学，一切都给钱穆新鲜之感。燕大是所教会学校，校长虽然由中国人担任，但实际上大学校务全由司徒雷登主持。一次，司徒雷登为新来的同事设宴，席间问诸人到校印象。钱穆直接答道："初闻燕京大学是中国教会大学当中最中国化的，十分向往。但到这以后，感觉不尽然。进校门以后，所见'M'楼，'S'楼，不知是何意，所谓中国化者又何在，因此建议这些楼名应改为中国名称。"后来燕大为此特别召开校务会议，把外国名字均改成中国名称，钱穆执教伊始就反映出其强烈的民族意识。

钱穆在燕大讲国文，颇受学生们的欢迎，当时听课的学生李素后来回忆："宾四老师精研国学，又是一位渊博多才、著作等身的好老师，采用旧式教授法，最高兴讲书，往往庄谐并作，精彩百出，时有妙语，逗得同学们哄堂大笑。宾（四）师是恂恂儒者，步履安详，四平八稳，从容自在，跟他终年穿着的宽袍博袖出奇地相称。他脸色红润，精神奕奕，在课堂里讲起书来，总是兴致勃勃的，声调柔和，态度闲适，左手执书本，右手握粉笔，一边讲，一边从讲台的这端踱到那端，周而复始。他讲到得意处突然止步，含笑面对众徒，眼光四射，仿佛有飞星闪烁，音符跳跃。那神情似乎显示他期待诸生加入他所了解的境界，分享他的悦乐。他并不太严肃，更不是孔家店里的偶像那样道貌岸然，而是和蔼可亲，谈吐风趣，颇富幽默感，常有轻松的妙语、警语，使听众不禁失声大笑。所以宾（四）师上课时总是气氛热烈，兴味盎然，没有人会打瞌睡的。而且他确是一位擅长诱导和鼓励学生的好老师。"

1931 年夏天，钱穆离开燕京大学，应聘去北京大学任教，此为顾颉刚推荐。钱穆在北京大学历史系教授中国上古史、秦汉史。这两门都是由学校指定的必修课。另一门选修课可以由自己来定。当时北大历史系先秦史最强，据杨向奎回忆，当时北大历史系，应当称作中国古代史专业（先秦史专业）。与中国古代史有关的课，有顾颉刚的《尚书》研究，傅斯年的中国古代史专题研究，马衡的金石学，董作宾的甲骨文，唐兰的中国古文字学，吴承仕的三礼名物和范文澜的古历学。所以，当时出来的学生，也以治中国先秦史的人为多。1931 年秋，钱穆初到北京大学历史系任教，杨向奎当时是从预科升到本科历史系一年级的学生，选听钱穆的中国古代史，颇受启发。

钱穆除教授以上两课外，还开了中国近三百年学术史，此课梁启超在清华国学院开过，其讲义在杂志上发表。而钱穆的想法与梁氏相左，因此就自编讲义，这便是日后《中国近三百年学术史》一书的雏形。另外，他欲开设中国政治制度史，历史系负责人陈受颐、傅斯年不同意开设此课，他们所持观点认为中国秦以下政治是君主专制，今改民国，以前政治制度不要再研究。钱穆认为谈到实际政治，以前制度可以不再问，可是研究历史，以前政治怎样，又如何是专制，应该知道，遂开设此课。法学院院长周炳霖建议政治系学生也来听课，后来出版的《中国历代政治得失》一书就是依该课讲义改定而成的。

中国通史是大学必修课，北大也如此。北大通史课由北京史学界名家分任，钱穆也占一席。他认为通史课由多人分讲不能贯通上下，后改为两人讲。上半部由钱穆讲，下半部由陈寅恪讲。1933 年秋，由钱穆独任此课，并改为上古史、秦汉史、通史三门。任课第一年耗费他很多精力，他将通史课在一年内讲完，绝不有头无尾，力求一贯到底。他上课时对讲述均有取舍，如讲上古史，因先秦部分讲得详备，通史则只讲概况，又如讲三百年学术史这部分涉及太广，需要详细论述，通史只粗略提到。他讲课时史料充分，并能彼此相关，上下相顾，遵从客观，不发空论。对制度经济、文治武功，选择历代的精华，阐述其发展流变与相承，更重要的是根据历代的有关意见，来陈述有关的各项得失。一年之内，除遇风雨外，他几乎都在太庙古柏荫下，提纲挈领，分门别类，逐条逐款，定其取舍，上自太古，下到清末，兼罗并包，形成一个完整的体系，终于初步完成了自己的心愿。

在北大期间，钱穆教学的重心是讲授先秦史和近三百年学术史。对先秦史的讲授与他早年诸子学的研究结合起来。早在 1921 年，钱穆就有意从事这方面的研究。由于诸子年世不明，其学术思想的渊源递变就无从知晓。因此，他首先是考研诸子生平行事的先后，将诸子书与《史记》《战国策》进行对照校勘，并从《史记索隐》中得知古本《竹书纪年》鳞爪。由于他任教的中学藏书甚少，他的研究受到了限制。钱穆来北平任教后，日常生活安定，北平各图书馆书籍多，查阅方便，在教课之余，将十多年积累的相关成果重加增订修改，并灵活地运用到讲课中。

前人考证诸子年世，多依据《史记》中的《六国年表》，而《史记》也有不少错误，并非绝对可靠。《竹书纪年》可以补此缺陷，但此书出而复佚，今传世本错误百出，如不进行整理很难作为考辨的依据。加上一般人都信史籍而不信诸子之书，以致诸子年次难以成其条贯。钱穆讲授诸子的特色是借助《竹书纪年》厘定今传世本的错误，以此来订正《史记》中的伪误，注释的抵牾。他同时又考诸子群书，参证诸子的行事，政治上的事故，六国的年代顺序，与山川地理参伍以求，错综以验，辨伪订讹，定世排年，立一说必推之子书、史书而皆须准确无误，证一伪必考其时间、地点而确皆无误，真是丝丝入扣。至于其辨析之精、引证之博，则是世所罕见的。然而，钱穆初衷不是想单纯为考据而考据，而是想使研究战国史的人对这一段纷乱的史事有比较清晰明朗的年代顺序为信据。

钱穆讲授中国近三百年学术史，不同意近代学者那种把汉学与宋学截然对立的观点。他认为不了解宋学，也就不能知道汉学，更无法评论汉学、宋学之是非。他在此独出心裁地将清代学术的渊源归结为晚明遗老，乃至宋学，认为黄宗羲、王夫之、顾炎武等人都与宋学有着学术上的前后承接关系，只是到了乾嘉时期，汉学才逐渐兴起，而此时的汉学诸家学术与宋代学术休戚相关。这种卓然不群的见解，是特别值得注意的。因为近代学者言清代学术诸书，如章炳麟、梁启超等的著作，均未提及清代学术与宋学的联系，遂使人迷失其渊源。如今钱穆特为指出，才真正显露出历史的本来面貌。

钱穆讲授的另一个特点是侧重叙述每一个代表人物的论学思想要旨，注意指出诸学者对于天下治乱用心之所在。因为过去论述清代学术，往往多谈论考据之学，或略述论学之语，而从不谈及其人思想如何。如《汉学师承记》就是明显的例子。但钱穆讲授的主旨在于："将以明天人之际，通古今之变，求以合之当世，备一家之言……盖有详人之所略，略人之所详，而不必尽当于著作之先例者。"他痛斥清代诸帝"坏学术、毁风俗、戕人才"，由于他们的高压政策，使得学者们不敢以天下治乱为心，而相继逃避现实，躲藏在故纸丛碎中讨生活。基于"通古今之变"的抱负，钱穆斥责那种认为清王朝已腐败覆灭，治国方案应以欧美、西方各国政体为准绳的观点，认为持这种观点的人们丝毫不问我国具体国情、价值观念、风俗习惯，而鼓吹全盘西化。钱穆讲此课正值国内学术界有关中西文化讨论又复激烈的时候，他的观点显然是针对当时的文化讨论问题有感而发的。

钱穆在北大讲通史课有五大特点：第一，事实性强，不发空论。第二，有考有识，简要精到。第三，凭各代当时人的意见，陈述得失。第四，满腔热情，激荡全室。第五，深入浅出，能近取譬。据程应谬（钱穆在燕大执教时的学生）讲，当年北大上课最叫座的教授有二说，一说两人，一说三人，但两说都有钱穆，能与他媲美的只有胡适。据当年听过钱穆课的任继愈、杨向奎、何兹全等先生讲，钱穆讲课善于表达，很精彩，堂堂爆满，深受同学们的欢迎。何兹全回忆说："钱先生讲课，很有声势，也很有特点，虽然一口无锡方言，不怎么好懂，但吸引人。我听过他的先秦史、秦汉史。他讲先秦史，倒着讲，先讲战国，再往上讲春秋、西周。我听他一年课，战国讲完，也就到学年结束了。他讲课讲到得意处，像和人争论问题一样，高声辩论，面红耳赤，在讲台上龙行虎步，走来走去，这头走到那头，那头走到这头。"

除北大任课外，钱穆又兼任清华、燕大、师大等学校授课，而且也同样受到欢迎。李埏回忆说，1936年下半年钱穆在北师大历史系兼课讲授秦汉史，整个学期，"从未请过一次假，也没有过迟到、早退。每上课，铃声犹未落，便开始讲，没有一句题外话。给学生们感受最深的是，他一登讲坛，便全神贯注，滔滔不断地讲下去，以炽热的情感和令人心折的评议，把听讲者带入所讲述的历史环境中，如见其人，如闻其语"。钱穆讲课之所以受欢迎，除了其渊博的学识之外，也与他二十余年的乡间教书实践、口才的不断磨炼有关。

谈笑有鸿儒

当时的北平学术界人才济济，钱穆本人又善于交往，他在此任教的八年中结识了许多著名学者，并与他们进行多方的交往，建立了广泛的学术联系。

燕大时期，钱穆住在朗润园，与顾颉刚保持了良好的关系，他在燕京大学任教时将旧作《关于〈老子〉成书年代之一种考察》一文交给顾颉刚，在《燕京学报》发表，并受到一位欧洲汉学家的推崇。这时，他的《先秦诸子系年》已完稿，经顾颉刚推荐申请编入"清华丛书"，但未获通过，后由商务印书馆出版。除与顾颉刚旧识外，他常与潘佑荪、郭绍虞等交往。一天，在城中某一个公园，他与冯友兰相遇，两人便交谈起来，这是两人的第一次见面。初到北京的他在结交了一些新知后，并无身居异地之感。

当时的北大名流荟萃，教授们治学与政治取向不尽相同。据何兹全回忆，北大史学系教授的学术思想分为三派：一是干嘉为主导的学派，此派可以钱穆教授为代表，孟森、蒙文通可划在这一派中；一是乾嘉加西方新史学派，这派可以胡适、傅斯年为代表；一是以乾嘉加点辩证唯物论，这一派以陶希圣为代表。柳存仁把北大教授分为静态和动态二种。刘师培、陈独秀、胡适、梁漱溟、顾颉刚、陶希圣属于动态教授，而钱穆、孟森等属于静态教授。他们之间的区别在于"动态的教授们常常驻（在从前）在北平正阳门车站发表一篇对新闻记者的谈话，然后赶着火车到南京去参加中央研究院的评议会；静态的教授们则至多到北平故宫博物院的文献馆去搜集档案或到琉璃厂、海王村一带去搜罗旧书"。柳氏认为钱穆属于"静的方面的代表。他宁可在校内自出心裁地编著一本中国通史讲义，但是，据我私人的猜测，不希望出席教育部的史地教材的编审委员会。他宁可作一篇《西周地理考》在《禹贡》上面登载，绝不愿大张旗鼓地积极领导或抨击一种新的学术运动，或写一篇中华民族起源于东南沿海说"。这里暂且不问这种区分是否合理，钱穆到北大以后，与他们都有不同程度的交往，学术交流愈来愈广。

钱穆去北大任教与顾颉刚及胡适有关系。顾氏在 1931 年 3 月 18 日致胡适信中说："北大与燕大之取舍，真成了难题目。此间许多人不放走，当局且许我奉养老亲，住入城内，为我自己学问计，确是燕大比北大为好。闻孟真有意请钱宾四先生入北大，想出先生吹嘘。我已问过宾四，他也愿意。我想，他如到北大，则我即可不来，因为我所能教之功课他（钱）无不能教也，且他为学比我笃实，我们虽方向有些不同，但我颇尊重他，希望他常对我补偏救弊。故北大如请他，则较请我为好，以我有流弊而他无流弊也。他所作《诸子系年》已完稿，洋洋三十万言，实近年一大著作，过数日当请他奉览。"顾颉刚多次举荐钱穆，钱穆晚年感怀不忘，胡适也接纳了钱穆。另外，从顾颉刚给胡适的信看，钱穆去北大也与傅斯年有关。

钱穆进入北大与傅斯年相识。傅斯年作为"五四"时期学生运动的健将，曾留学德国，服膺德国史学家兰克的实证主义史学方法，归国后创办史语所，并兼任所长，主持殷墟的发掘，是史料学派代表人物，又兼任北大历史系教授。傅斯年对钱穆的《刘向歆父子年谱》很欣赏，因他矫挽疑古过勇的古史辨派而常被邀请去史语所作学术交流。史语所一来外国学者，钱穆应邀参与会客宴请，傅氏每每向客人介绍，这是《刘向歆父子年谱》的作者，其意在于反击当时经学界的今文学派，以及史学界的疑古派。其实，傅斯年与钱穆在其他方面并不相同，尤其是治学方法，傅斯年主张治史贵专，重视地下考古和古文字，钱穆则贵通，偏于传世文献。钱穆在北大讲上古史，有一次，一位学生对他不通龟甲文却来讲授上古史提出质疑，钱穆则认为自己虽然不通龟甲文，在课堂上可不提及，但要学生知道，龟甲文外尚有上古史可讲，言外之意重视传世文献。在他看来，甲骨文固然可补传世文献之缺，但毕竟是一些零碎的史料，不能用它代替传世文献。

与钱穆同来北大的有汤用彤、蒙文通。汤用彤在南京中央大学时，曾去欧阳竟无支那内学院听佛学，蒙文通是该学院欧阳竟无大师的弟子，蒙文通来北大是通过汤用彤的举荐。在此之后，汤用彤、蒙文通和钱穆三人常常相聚，过从甚密。钱穆钦佩汤用彤治学谨严，认为他为学重在体系，整体把握，合理有序，丝毫不苟。钱穆称自己与汤用彤交往最久，两人经常在一起论学，交往甚密。钱穆的西方哲学、佛学知识得益于与汤用彤的交流。当时钱穆住汤家，钱穆、蒙文通、汤用彤三人常在一起谈天。有一次三人畅谈一晚，曙光既露，谈兴犹未尽，于是拂晓赴中央公园进早餐后，又换另一处饮茶继续交谈，直到中午餐后始归。自谓是生平唯一难得的畅谈。钱穆高明，汤氏沉潜，蒙氏汪洋恣肆，彼此往来甚密，北大学生曰为"岁寒三友"。

钱、汤、蒙三人论学，熊十力也常加入其中，熊十力是欧阳竟无在支那内学院的学生，当时已在撰写《新唯识论》，批驳其师欧阳竟无的学说，蒙文通不同意，每次见面必加反驳。汤用彤在哲学系教中国佛教史，应为专家，故常常不表示意见。而钱穆总是充当熊十力和蒙文通的调解人。当他们的议论从佛学转入宋明理学时，蒙文通和熊十力又必争，钱穆也作缓冲。除上述四人常相聚外，还有林宰平、梁漱溟两人。他俩都住在前门外，梁漱溟又不常在北平，有时或加上梁漱溟或加上林宰平，五人相聚亦颇多。

钱穆经汤用彤介绍认识了陈寅恪和吴宓，钱著《先秦诸子系年》由顾颉刚推荐给清华，申请列入"清华丛书"，陈寅恪为三位审稿者之一，对钱著考证精当深表佩服，誉为"自王静安后未见此等著作矣"。钱穆在清华主讲秦汉史，课后，常去吴宓处聚谈，吴宓当时居住在临湖的一个院子里，地方极宽适幽静。钱穆来访，吴宓沏茶，两人临窗品茗，眼看窗外湖水，已忘记身在学校中。钱穆经吴宓还结识了他的高徒贺麟、张荫麟，前者治西方哲学，颇有成就，后者治史学，可惜英年早逝。

钱穆、熊十力与当时在燕大任教的张孟劬、张东荪兄弟经常相晤，熊十力好与张东荪谈哲理时事，钱穆则与张孟劬谈史学。在公园的茶桌旁，四人各移椅分坐两处相互切磋。在张家屋中，熊、钱也是各入张氏兄弟不同书斋共论学术。钱穆与孟森也有交往，孟森为明清史专家，钱穆对这位明清史前辈十分尊重，曾把自己的文章送与指正，两人常在休息室里谈论学问。钱穆还曾去孟森家中拜访，两人曾讨论清人对《水经注》的研究等问题。

钱穆当时也很关心时事，1935 年，曾与顾颉刚、钱玄同、姚从吾、孟森、徐炳昶等百余人联名上书国民政府，催促其早定抗日大计。与钱穆交往较密的还有陈垣、马衡、张其昀、缪凤林、吴承仕、萧公权、杨树达、闻一多、余嘉锡、容庚、向达、赵万里、贺昌群、容肇祖兄弟等。这些学人"各有所长，意有专情。世局虽艰，而安和黾勉，各自埋首，著述有成，趣味无倦"。钱穆与当时的名家几乎都有所交往，他们论学之间的互动，有力地推动了学术的发展，如果不是抗日战争爆发，中国学术界一定会有一番新气象。

在北大任教期间，尽管校图书馆有丰富的藏书可供参考，但钱穆仍不断去琉璃厂、隆福寺购书，寻访古籍。他节衣缩食，先后购书五万余册，其中不乏珍籍善本。他谈及购书的方法，"遇所欲书，两处各择一旧书肆，通一电话，彼肆中无有，即向同街其他书肆代询，何家有此书，即派车送来。……每星期日各书肆派人送书来者，逾十数家，所送皆每部开首一两册。余书斋中特放一大长桌，书估放书桌上即去。下星期日来，余所欲，即下次携全书来，其他每星期相易"。他曾对友人说："一旦学校解聘，余亦摆一书摊，可不愁生活。"可惜七七事变后，他无力庋藏，遂致失散。

钱穆禀性热爱大自然，遍游城郊名胜，又曾四次远游。第一次与北大师生结伴畅游济南大明湖、曲阜、泰山等。第二次与清华师生结伴游大同，观云冈石窟，西至绥远、包头。第三次一人独游武汉，登黄鹤楼，参观武汉大学；乘江轮至九江，游庐山诸胜。汤用彤有宅在牯岭，钱与汤共游，复乘江轮回无锡小住。第四次与清华师生游开封、洛阳、西安三都故迹。归途又游华山，由苍龙岭抵一线天。历登诸峰，宿北峰，因告诸生，华山险峻，为诸岳之最，缅怀韩愈游此不能下山的故事。

钱穆这一时期的学术贡献主要是对先秦诸子和中国近三百年学术史的研究。

以儒墨梳理诸子

钱穆对先秦诸子的总体看法有两方面的内容：一是关于先秦诸子的基本精神及其特质，《国学概论》一书已经作了十分准确的把握。他研究诸子最大的特点是把其与当时的社会政治历史联系起来加以考察，以史学的眼光考研诸子及其特质，是非常有独创性的。他认为诸子，首先是儒墨的出现，代表了春秋以来平民阶级意识的觉醒。诸子学的实质是平民之学。随着贵族阶级被平民阶级所取代，贵族的王官之学也为平民的子学所取代。一是关于先秦诸子师友关系、学术渊源及发展脉络，这是他《先秦诸子系年》一书的贡献。此书成于1933年，1935年由商务印书馆出版。其中含考辨一百六十余篇，通考四篇，附表三张，此书是他多年治诸子的心得，是诸子研究集大成之作。

众所周知，随着官学日衰，私学日兴，于是有诸子。后人讲诸子学，皆源于刘歆的《七略》。后来班固以此为基础做的《诸子略》，认为儒家出于司徒之官，道家出于史官，阴阳家出于羲和之官，法家出于理官，纵横家出于行人之官，杂家出于议官，农家出于农稷之官，小说家出于稗官。于是有九流十家之说，后人在研究诸子学术时，便把这一划分绝对化，造成各家之间彼此不通，门户争斗便起于此。

钱穆治学贵在贯通，尤其反对门户之见。他首先指出前人考论诸子年世有三大通病：第一，往往只研究一家，不能相互贯通，如研究墨子不能贯通于孟子，研究孟子又不能贯通于荀子，从而造成诸子之间相互乖离与矛盾。第二，对于史料详细的不惜笔墨大加申论，而对于史料不详的则望而却步，如对于孔子、墨子、孟子、荀子则考论不厌其烦，而对于其他诸子则推求每嫌其疏。不懂得疏者不实，实者皆虚之理。第三，前人讨论诸子生卒及行事的年代，多依据《史记·六国表》，然后以诸子年世事实系之。如根据《魏世家》《六国表》魏文称侯的年代推出子夏的年寿，又据《宋世家》及《六国表》宋偃称王的年代确定孟子游宋的时间。然而《史记》也多有错误，不可全信。针对这三种错误，他提出自己治诸子学的用心和宗旨：第一，上溯到孔子生年，下到李斯卒年，前后二百年，排比联络，一以贯之。第二，凡先秦诸子无不一一详考。如魏文侯时的诸贤，稷下学官诸学士，一时风会所聚，及隐沦假托，其姓名在若有若无者，无不为其缉逸证坠，辨伪发覆，参伍错综，曲畅旁通，而后其生平出处、师友渊源、学术流变的轨迹，无不粲然条贯，秩然就绪。第三，对于先秦列国世系，也多有考核，另列为通表，以明其先后。前史所出的错误给予纠正，而后诸子年世，也如网在纲，条贯有秩。

钱穆主张，考证这一时期的诸子师授的渊源以及诸子所称引，虽然多有出入与不同，但他们应该是相通的，因此，不能够拘泥于九流十家之例。他极力反对把诸子之间的关系绝对化，认为他们的学术、师承或多或少都是相互联系的。

史书与诸子书互动是钱穆考察诸子的一个特点。如墨子学儒者之业，受孔子之术（见《淮南子》），墨学源于儒。李克是子夏的学生（见《汉志》班注），《汉志》有李克七篇在儒家。而法家有李子三十二篇，班注："名悝。"悝、克一声之转，即李克，不是二人。兵家有李子十篇，沈钦韩说："疑李悝。"法家与兵家相通而都源于儒家。吴起师曾子，而吴起四十八篇在兵家。商鞅受李悝《法经》以相秦（见《晋书·刑法志》），法家、兵家均有《商君书》。《汉志》农家，神农二十篇，颜师古说："刘向《别录》云：'疑李悝商君所托。'"那么，法家、兵家又与农家相出入。尸佼为商君师（见《艺文志·班注》），而其书列为杂家。许行为神农之言，《吕氏春秋·情欲篇》说："许犯学于禽滑。"禽滑即禽滑釐。禽滑釐为墨子之徒，而许犯就是许行。这说明农家也与墨家相通。荀子以墨翟、宋钘并举，《汉志》把宋钘列为小说家。《庄子·天下篇》以宋钘、尹文并举，而《汉志》把尹文列入名家，观其"禁攻寝兵"，就是墨子"非攻"之说。五升制饭，就是墨子量腹之意。因此，墨家也与名家、小说家相通。班注："孙卿道宋子，其言黄老意。"墨家、小说家又与道家相通。《荀子》以慎到、田骈并举，《庄子·天下篇》以彭蒙、田骈、慎到三人并举。而《汉志》田子在道家，慎子在法家，则道家与法家相通。荀子以陈仲、史鳅并举，陈仲之学与许行相近，也属农家、墨家之流，而荀子以为类于史鳅。庄子又常以曾史并称，那么农家、墨家与儒家也相通。荀子称"子思孟子案往旧造说，谓之五行"，而《汉志·邹子终始》在阴阳家。《文选·魏都赋注》引《七略》说，"邹子有《终始五德》，从所不胜。土德后木德继之，金德次之，火德次之，水德次之"，则阴阳家与儒家相通。韩非子学于荀子，《汉志》韩非子入法家。司马迁称其归本于黄老。那么，法家与儒家、道家均相通。这是钱穆经过大量考证而得出的关于诸子百家相通的一些基本看法。

他对先秦诸子总结说："惟儒墨两派。墨启于儒，儒原于故史。其他诸家，皆从儒墨生。要而言之，法原于儒，而道启于墨。农家为墨道作介，阴阳为儒道通圃。名家乃墨之支裔，小说又名之别派。而诸家之学，交互融洽，又莫不有其旁通，有其曲达。"钱穆发展了《国学概论》有关先秦诸子研究的基本观点，建立了诸子传递的系统。

钱穆考订先秦诸子的另一个特色是以《竹书纪年》订正《史记》之误。《史记》被历代学者奉为经典，少有怀疑。他则指出《史记》也有误，有鉴于此，他依据古本《竹书纪年》订正《史记》之误，也就是说在考订诸子时，把史书与诸子书、传世文献与地下出土文献结合起来。

钱穆认为，战国时代时局与学风同步，时局有三变：一变为晚周先秦之际，三家分晋，田氏代齐；二变为徐州相王，五国继起；三变为齐秦分帝到秦灭六国统一天下。学风有三起：一起魏文西河，二起转为齐威宣稷下之学，三起散而之于秦赵，平原养贤，不韦招客。又提出先秦学术四期说：一为萌芽期，尽于孔门，流为儒业。孔子为代表。二为酝酿期，此时儒墨已分，九流未判，养士之风初开，游谈之习日起。三为磅礴期，学者盛于齐、魏，禄势握于游士。孟子、惠施、庄子等为代表。四为归宿期，稷下既散，公子养客，时君之禄，入于卿相之手。荀卿、韩非、李斯、老聃、邹衍、吕不韦等为代表。

钱穆的《先秦诸子系年》得到学术界的好评。据杨树达日记载，当时陈寅恪对此书评价极高。如其日记中写道："1934 年 5 月 16 日，出席清华历史系研究生姚薇元口试会。散后，偕陈寅恪至其家。寅恪言钱宾四《诸子系年》极精湛。时代全据《纪年》订《史记》之误，心得极多，至可佩服。"顾颉刚称他的《先秦诸子系年考辨》，虽名为先秦诸子的年代作考辨，而其中对古本《竹书纪年》的研究，对战国史的研究贡献特大。钱穆根据古本《竹书纪年》改订《史记》之失更是久为学界所激赏。此书实为清代考证诸子学的总结。

老子其人其书考辨

钱穆治诸子尤其重视老子其人其书的问题，加入了20世纪30年代关于老子问题的论战。

20世纪二三十年代，学术界发生了关于老子的考辨，胡适《中国哲学史大纲》出，判定老子先于孔子。1922年，梁启超评胡著，提出质疑，认定老子为战国末年人。顾颉刚不同意胡、梁之说。钱穆也参加了讨论。据罗根泽统计，仅收入《古史辨》中讨论老子的文章就有三十万字。关于老子时代问题，清代以来大体有三种意见：第一种认为《老子》一书是老聃遗说的发挥，老聃确在孔子之先。主张此说的有马叙伦、张煦、唐兰、郭沫若、吕振羽、高亨等。第二种认为老子是战国时代人，《老子》书也是战国时代的书。主张这种说法较早的有清人汪中，及近人梁启超、冯友兰、范文澜、罗根泽等。第三种认为《老子》成书更晚，在秦汉之间。主张这一派学说的有顾颉刚、刘节等。

钱穆认为，老子其人其书年代问题不弄清，先秦诸子学术源流次序就无法解决。他主张《老子》一书成于战国后期，在《庄子》内七篇之后。其说近于上述三派中的第二派。钱说虽受汪中、梁启超的影响，但汪中所疑，特在《史记》所载老子其人其事，未能深探《老子》书之内容；梁启超疑及《老子》其书，举证坚明，但仍限于清儒途辙，未能开出新境。而且《老子》书晚出于《论语》，其说易定，而其书之著作年代，究属何世，庄老孰先孰后，则难以确立。钱穆继踵汪、梁，力主《老子》书出在庄子、惠施、公孙龙之后。自1923年写成《关于〈老子〉成书年代之一种考察》（1930年发表于《燕京学报》，又收入《古史辨》中），至30年代《再论〈老子〉成书年代》、40年代《三论〈老子〉成书年代》、50年代《〈老子〉书晚出补证》等进一步深化自己的观点，相关论文收入后来出版的《庄老通辨》中。

老子其人事迹的真伪问题，究竟有没有老子这个人呢？战国诸子很喜欢称述老子的是《庄子》一书。钱穆认为《庄子》一书多寓言而无实。关于老子其人的故事传说主要有三种：第一，孔子见老聃。这个老聃实际上是老莱子，也就是《论语》中的荷蓧丈人，此人是南方的一位隐士。孔子南游时，子路曾向他问路，并曾在他家留宿。而后，孔子又让子路再去见他，但没有见到。孔子见老聃的故事就是由此而衍生出来的。第二，太史儋去周适秦。此见于秦史的记载。但后人认定他就是孔子所见到的老聃，于是老聃就成为周朝的史官，又成为去周适秦的隐士了。第三，老聃出关遇关令尹。这个故事流传最晚，出处无法考证，大概是汉朝初年。

关令尹是战国道家环渊的传误。环渊与詹何同时齐名，于是后来把詹何误混为太史儋，而引出上述关令尹的传说。

而现在《礼记》中的《曾子问》一篇，为何也记载孔子适周问礼于老聃之说呢？这是因为孔子问道于老聃的说法流传得太广了，所以后代的儒家也记载了孔子适周问礼于老聃的传说。在钱穆看来，儒家称述孔子的故事有许多不可信之处。

钱穆综合了先秦古籍中有关老子的传说，断定以上三种传说指的是三个人，一是孔子所见的南方老莱子，神其事者为庄周。二是出关游秦者周朝史官儋，而神其事者属于秦人。三是著书谈道列名百家的楚人詹何，而神其事者则为晚周的小书俗说。杂糅三人为一人，合而流传则从《史记》开始。

基于此，他又对《史记》中关于老子其人其事等问题阐述了自己的看法，认为《史记》中关于老子名耳字聃姓李氏的说法是没有根据的，并引用《说文》"聃，耳曼也"，《毛诗》"曼，长也"来证明老聃是长寿人的通称。长耳朵是长寿的相，所以说老聃是一位长耳朵的老者。古书又有称续耳、离耳的。如《礼记·学记》引韩诗"离，长也"。《庄子》一书也只说孔子曾去见了一位长耳朵的老者。但后人穿凿附会，便把离耳转变成李耳，于是变成老子名耳字聃姓李氏了。针对司马迁说李耳是楚国苦县厉乡曲仁里人这一说法，钱穆认为老子已成了汉代的名人，自然应该替他安排一个出生地。厉乡又名赖乡，赖字音近于老莱子的莱，厉字音近于李耳的李，而且苦县地点大约又近于沛，因此遂替那位长耳朵的老人选定了他的出生家乡。

　　钱穆主要从三方面来考证《老子》一书的成书年代。首先，考证《老子》的时代背景。钱穆先就《老子》书中对于当时政治、社会所发种种理论而推测其书的历史背景，认为该书为战国晚期的作品。他认为老子关于不尚贤的理论是战国中期以后时代的产物。尚贤是墨子最先提出的，是针对当时贵族世袭崩坏而发的。到了战国中期，学者的尚贤理论变为政治上的真实情况，以后尚贤制也出现弊病，而发展为不尚贤之论一定是在战国中期以后。然而《老子》虽然提倡不尚贤的理论，但在无意中也不脱尚贤的旧观念。由此，钱穆证明《老子》成书年代一定是正值尚贤思想深厚之际，书中以圣人为理想中的最高统治者，这就是战国中晚期尚贤思想无形的透露。钱穆考证《老子》关于从政者就是圣人、官民，而在下的被统治者是百姓的说法，不是春秋时代人的用语。另外，《老子》中的尚智、多欲、好动、轻死等，凡书中认为民之难治的话都不是春秋时期所有的现象。《春秋》所记的历史，基本上是贵族阶级内部相互斗争或以他们之间的斗争为主。而《老子》书中上述所用语是王官之学流散入民间、诸子兴起、百家争鸣时代才有的现象。

其次，考证《老子》一书的中心范畴及其与先秦思想史系统的相互关系。钱穆抓住了《老子》的主要思想范畴"道"及与"道"有关的名词范畴"帝""天""地""物""大""一""阴阳""气""德""有无""自然""象""法""名"等，与先秦诸家典籍和思想反复互证，一一指陈、分析其含义，又推论其在思想史上展衍递进的层次与线索。他是以先秦诸家为基准，即孔子、墨子、孟子、庄子、惠施、公孙龙、荀子、韩非子、吕不韦这一思想顺序来确定《老子》一书的成书年代的。如《论语》言仁，《老子》不言仁，《墨子》言尚贤，《老子》言不尚贤，老子思想晚于孔子、墨子。庄子和惠施后学都说万物一体，庄子从"道"的角度立论，惠施从"名"的角度立论，《老子》"道""名"兼顾，知老子思想晚出庄子和惠施。公孙龙言"指"字，老子言"象"字，很相似，就人言说"指"，就物言说"象"，凡天地间一切物的抽象之名，两家都认为可以离开物而独立存在。因此，老子的说法与公孙龙的说法都师承惠施。老子的学说由继承庄子、惠施和公孙龙的学说而加以改造，并兼揽了"道"和"名"的两种观点而融为自己的思想。他指出"凡此云云，则必博综会通于先秦诸子思想先后之条贯而后始见其必如是，故曰：非通诸子，则不足以通一子也"。

最后，钱穆从《老子》一书文句、文体考证其成书年代。春秋之际，王官之学未尽，学术还没有流入民间。孔子的《春秋》本于鲁史，《论语》记言记事，是史官著书的旧形式。《孟子》议论纵横，文体不同于《论语》，但也不免有记言的陈式。《庄子》尽管寓言多，也没有超出旧时的记言记事的格局，文体因循，没有全变。《公孙龙》《荀子》等书超脱对话痕迹，不再因袭记言记事的旧套，自抒理论。至于《老子》语言精练，既没有对话也不同于论辩，看出运思成熟，熔铸而出。有许多格言，可备诵记，与以前的诸家不同。他考证诗、史、论为古代文字自然演进三个阶段。《老子》的文体比论文还要进步，结句成章，又加上有韵味，可以说是论文的诗化，当在战国末年，晚出无疑。

对于钱穆的考辨，胡适提出质疑，他致钱穆信说："去年读先生《刘向歆父子年谱》，十分佩服。今年在《燕京学报》第七期（应为第八期）上读先生的旧作《关于〈老子〉成书年代之一种考察》，我觉得远不如《向歆年谱》的谨严。其中根本立场甚难成立。"此文的"根本立场是思想上的线索。但思想线索实不易言。希腊思想已发达到很深远的境界了，而欧洲中古时代忽然陷入很粗浅的神学，至近千年之久。后世学者岂可据此便说希腊之深远思想不当在中古之前吗？又如佛教之哲学已到很深远的境界，而大乘末流沦为最下流的密宗，此又是最明显之例"。胡适的这种意见不仅仅针对钱穆，也包括以思想线索为方法考证的其他学者。他认为，"思想线索"这一方法，不能免除主观的成见，它就像一把两面锋利的剑可以两边割。你的成见偏向东，这个方法可以帮助你向东；你的成见偏向西，这个方法可以帮助你向西。如果没有严格的、自觉的批评，这个方法的使用绝不会有证据的价值。而且一个人自身的思想也往往不一致，不能依一定的线索去寻证。

对于文字、术语、文体的论证法，胡适也不赞同，而且认为这种方法也是很危险的，因为：（一）我们不容易确定某种文体或术语起于何时；（二）一种文体往往经过很长时期的历史，而我们也许只知道这历史的某一部分；（三）文体的评判往往不免夹有主观的成见，容易错误。应该说胡适的批评是中肯的，这与他重实证、考据方法治史学是一致的。

钱穆考《老子》，并非指称其为伪书，而是说者多伪。《老子》一书成于何时，学术界历来有不同看法。至今也未有定论。钱穆的观点算是一家之言。

从宋学看清代学术

　　1937 年 5 月，钱穆的《中国近三百年学术史》一书由商务印书馆出版。这是在他北大上课时的讲义基础上修改而成的。全书共十四章。首章引论，论述近代学术导源于宋学，认为不知宋学，则不可知汉学，更无法评汉学之是非，故此略述了两宋学术，并以东林学派为殿。次章至十四章，分别论述黄宗羲、王夫之、顾炎武、颜元、李塨、阎若璩、毛奇龄、李绂、戴震、章学诚、焦循、阮元、凌廷堪、龚自珍、曾国藩、陈澧、康有为等诸家学术大要，及其师承关系，以此阐明近三百年学术演变的辙迹。后附一年表，略述诸家生卒年代及学术交往。钱穆对近三百年学术史的研究主要有以下特色。

　　关于清代学术思想的渊源，晚清民初以来主要有两种观点。第一种观点认为，清代学术思想与宋明学术无关，是对理学的全面反动。他们认为，清初以来，中国学术思想史走上了一条与宋明学术截然相反的道路。这条道路，从积极方面看，发展为经学考据学；从消极方面看，则表现为一种"反玄学"的运动或革命。第二种观点认为，宋明理学传统在清代至少是前期仍然有自己的生命，尤其是活动于清初的明末遗老，就其思想而言，仍然没有摆脱宋明理学的窠臼。如冯友兰提出宋明理学、心学在清代仍具有继续的传述，清代的汉学家讲的义理之学，讨论的如理、气、性、命等问题，仍然是宋明理学所提出的问题。而汉学家所依据的如《论语》《孟子》《大学》《中庸》等也同样是宋明道学家所提出来的四书。他由此得出结论说：汉学家的义理学，表面上虽然反道学，而实际上是一部分道学的继续与发展。

这种观点最有代表性的是钱穆。他系统并详细阐述了清代学术思想与宋明学术之间的关系，如说："治近代学术者当何自始，曰：'必始于宋。'何以当始于宋，曰：'近世揭橥汉学之名以与宋学敌，不知宋学，则无以平汉宋之是非。'且言汉学渊源者，必溯诸晚明诸遗老。然其时如夏峰、梨洲、二曲、船山、桴亭、亭林、蒿庵、习斋，一世魁儒耆硕，靡不寝馈于宋学。继此而降，如恕谷、望溪、穆堂、谢山乃至慎修诸人，皆于宋学有其深契诣。而于时已及乾隆。汉学之名，始稍稍起。而汉学诸家之高下浅深，亦往往视其所得于宋学之高下浅深以为判。道咸以下，则汉宋兼采之说渐盛，抑且多尊宋贬汉，对乾嘉为平反者故不识宋学，即无以识近代也。"这段论述全面揭示了清代学术思想与宋明学术的渊源关系，指出宋学不仅在清初，就是在汉学盛行的乾嘉时期仍有其影响，只有了解宋明学术才能很好地了解清代学术思想的特征及演变与发展。

关于清代学术的分期，钱穆从清代社会与学术的具体实际出发，大体把清代学术分为清初、乾嘉、晚清三个时期，并分析指出不同时期的特色及其贡献。

钱穆又把清初学术分为两个部分。第一，明末诸遗老的学术，是指生活在清初的黄宗羲、顾炎武、王夫之、颜元等人的学术。他们的学路虽师承晚明，却又能在学术思想上独树一帜，开出清初学术的新天地。钱穆在分析了明末诸遗老学术特点之后，又分别研究了黄宗羲、王夫之、顾炎武、颜元等的学术思想，指出其学术渊源、贡献及其影响。特别是对清代考据学的渊源问题上，认为导源于晚明，清初黄宗羲和顾炎武都有贡献，为后学作出了澄清。第二，顺康雍时期的学术，主要指生活在清初稍晚于明末诸遗老的学者们的学术，他们在思想感情或生活年代上，均与明末诸遗老不同。此时清廷以武力已经完成了国家统一，又以开博学鸿儒科、设明史馆、诏山林隐逸等手段网罗知识分子。在清廷文武并举、软硬兼施的情况下，清代学术发生了转变。其总体趋势是经世致用渐渐消沉下来，经学与理学虽并存，但都发生了根本改变，经学转向考据一途，理学升入殿堂。

钱穆在论及这时的学风时认为，继之阎若璩和毛奇龄，不过是明亡之后的考据学。又继之李绂和全祖望，不过是明亡之后的理学。他们之所以与晚明诸遗老不同，在于朝廷的刀锯鼎镬的威胁，以及富贵利达的诱惑。也就是说这一时期的经学和理学都与晚明诸遗老不同，经学逐渐趋向于考据，其经世致用乃消沉，理学变成朱陆之间的门户之争，尤其是尊朱子者更趋向于利禄，与清廷以尊朱为特色的"崇儒重道"政策相适应，使朱子学变味，成了维护清廷统治的官方之学，致使学术渐渐失去从前的活力，也由明清之际通经致用之学向乾嘉考据学过渡。

关于乾嘉时期的学术，对于乾嘉学派的分野及特征，历来有吴皖两学派之分。这种分法始于章太炎，他说："其成学着系统者，自乾隆始。一自吴，一自皖南。吴始惠栋，其学好博而尊闻；皖南始江永、戴震，综形名，任裁断。此其所异也。"梁启超再加以阐发，提出"惠、戴两家，中分乾嘉学派"之说。梁氏又有四派之分，先是吴学与皖学。吴学以惠栋为中心，以信古为标志，是"纯汉学"；皖学以戴震为中心，以求是为标志，是"考据学"。后来有扬州学派，代表人物是焦循和汪中。浙东学派为全祖望和章学诚，后者贡献在史学。章太炎论惠栋、戴震，侧重于研究两家学风之差异，以突出学派的为学特征，至于两家学术的关系则未置一词。梁启超亦然，虽对惠戴关系略有涉及，也不过"师友之间"寥寥四字而已。

钱穆不仅从对待宋学与汉学的态度上分析吴皖两学的学术特点，而且还深入考察了惠栋学术对戴震的影响，提出吴皖非分帜的卓见。首先，钱穆看到吴学和皖学的联系，认为惠栋、戴震之学，虽一主求古，一主求是，但并非异趋。"东原卒后，凌廷堪为作《事略状》，谓东原于扬州见元和惠栋，论学有合，决非虚语。王鸣盛亦言，方今学者，断推惠戴两先生。惠君之治经求其古，戴君求其是，究之舍古无以为是。谓舍古无以为是者，上之即亭林舍经学无理学之说，后之即东原义理不得凿空于古经外之论也。然则惠戴论学，求其归极，均之于《六经》，要非异趋矣。"他接下来又以惠戴为学非异趋，以及惠门后学尊戴为据，指出："江藩《汉学师承记·洪榜传》，称榜为卫道儒，又全录其与朱笥河发明东原论学一书，可证其时不徒东原极推惠，而惠学者亦尊戴，吴皖非分帜也。"反对把吴皖两学绝对化，这是钱穆经过详细考证对吴皖两学派的关系作出的全面评价，它具有重要的学术价值。

关于晚清即道咸同光时期的学术，钱穆认为这一时期有两个显著变化：第一，清廷统治势力，随着对外战争的连续失败而日趋衰微。第二，西方近代思想随着其殖民势力的东来而源源不断地侵入。由于这两个因素的影响，晚清学术思想发生了巨大的变化。此时，汉学考据学走向衰弱，理学渐渐复兴，对于汉宋之学，学者们开始持两者兼采的态度。其学术虽呈多样化趋势发展，但主流是具有经世特征的今文经学兴起和西学传入。

钱穆尤其称赞公羊学派论学的精神："既主微言大义，而通于天道人事，则其归必转而趋于论政。"其学派的发展脉络"起于庄氏，立于刘宋，而变于龚、魏"。而龚、魏论学精神为"感切时变，有志经济，而晚节仍以辨汉儒经学与今古文名家"，"晚清今文一派，大抵菲薄考据，而仍以考据成业。然心已精，气已浮，犹不如一心尊尚考据者所得犹较踏实。其先特为考据之反动，其终汇于考据之颓流，魏龚其著例也"。所以乾嘉批评宋儒，魏源批评乾嘉，可见世风骤变。但他又认为，龚自珍继承章学诚"六经皆史"的精神，其学业不同，一反当时经学家媚古之习，关注当代之治教。由于汉学重在实事求是而道唱变法之论，公羊家重在舍名物训诂而追求微言大义，这显然已失去了汉学精神。

钱穆对康有为的研究侧重于揭示晚清今文经学发展的内在逻辑，指出晚清公羊今文经学始于常州庄氏，训诂名物务求其所谓微言大义，这早已与吴皖两学学风有所不同。后又从信公羊而信今文，又从信今文而怀疑古文，于是汉学以尊古开始，又以疑古而告终。到了康有为《新学伪经考》，疑古思潮则达到了极端，又作《孔子改制考》，清儒古训、古礼、师傅、家法的研究被创法、立制、论政、经世之学所代替。后来《大同书》提出世界主义的理想，乾嘉朴学最后寿终正寝了。

《中国近三百年学术史》出版后，被认为"'注重实际'，'严夷夏之防'，所见甚正。文亦足达其所见，佳书也"。晚清民初治清代学术史者，始于章太炎，完善于梁启超和钱穆。比较而言，梁启超治清代学术注重宏观分析、整体把握，涉及传统学术、西学东渐的诸方面，其学术视野开阔；他主要从汉学的角度来理解清代学术，过多地强调清代学术对宋学的批判与反动，对汉学的继承与发展，以及清代汉学对经学考据学的贡献。钱穆治清代学术则更多的是微观分析，重在研究传统学术与思想，其学术剖析深入；他主要从宋学的角度来诠释清代学术，强调宋学在清代，尤其是在清初，仍有很大影响；他关注不同学者、学派之间的师友承继关系，以及渊源流变，侧重于其来龙去脉的梳理。钱穆对清代学术史的研究晚于梁启超，无疑受梁氏的影响，特别是早年出版的《国学概论》论清代考据学部分多引梁氏之观点，并加以发挥。钱穆所撰《中国近三百年学术史》则是发挥己见，超越梁启超，可谓后来者居上。他对清代学术的研究在学术界有很大的影响，这本著作乃是治清代学术的必读书。

第 5 章

南下辗转 情系国族

抗日战争全面爆发后，钱穆南下，开始了辗转的教书与研究生涯。在此期间，他把史学研究与国家命运联系在一起，以弘扬中华文化为抗日作宣传，实践中国古代士大夫以"天下兴亡为己任"的经世致用精神。

辗 转 教 学

1937年，北大南迁。10月，钱穆与汤用彤、贺麟三人同行南下，临时大学设在长沙，而文学院暂时设在南岳衡山腰圣经院旧址。钱穆居此地除游山外，每逢星期天，皆下山去衡山市图书馆，该馆内藏有商务印书馆新版《四库珍本》

初集。他专借宋明各家集，阅读做笔记。其中关于"王荆公新政"诸条，后来钱穆在宜良撰写《国史大纲》时择要录入。钱穆读王畿、罗钦顺两人集，对理学得失有所启悟，并撰写专文。此为他后来治理学的开始。当时他曾与吴宓、闻一多、沈有鼎同住，尽管条件艰苦，但常常挑灯夜读。一天，冯友兰来到钱穆处，把自己写的《新理学》书稿送给钱穆，请他先读并提意见。钱穆看后，认为《新理学》只讲理气，而不谈心性，有片面性，又认为中国无自己创造的宗教，但对鬼神有独特的观点，朱熹论鬼神也多有新创见，希望冯友兰加上鬼神一章，这样能使新理学与旧理学一贯相承。冯友兰认真考虑后，部分地采纳了他的建议。

日军进攻长沙，临时大学再度南迁至昆明，成立西南联合大学。在西南联合大学期间，钱穆除教学外，最重要的学术研究就是写成《国史大纲》。此书是在陈梦家的鼓励下写成的。陈梦家当年在燕大曾听过钱穆的课，后来执教于西南联大，与钱穆"常相过从"，时时论学。经陈梦家多次劝说，钱穆才执笔开始撰写。他回忆成书经过时说："二十六年（1937）秋，卢沟桥（倭难）猝发，学校南迁，余藏平日讲通史笔记底稿数册于衣箱内，挟以俱行。"1938年抵云南蒙自后，"自念万里逃生，无所靖献，复为诸生讲国史，倍增感慨。学校于播迁流离之余，图书无多，诸生听余讲述，颇有兴发，而苦于课外无书可读，仅凭口耳，为憾滋深。因复有意重续前三年之纲要，聊助课堂讲述之需。是年五月间，乃自魏晋以下，络续起稿，诸生有志者相与传抄；秋后，学校又迁回昆明，余以是稿未毕，滞留蒙自，冀得清闲，可以构思。而九月间空袭之警报频来，所居与航空学校隔垣，每晨抱此稿出旷野，逾午乃返，大以为苦。乃有转地至宜良，居城外西山岩泉下寺，续竟我业"。可见当时创作之艰难，钱穆意志之坚定。

《国史大纲》写完，钱穆于1939年夏携书稿去香港交商务印书馆付印。当时规定，著作经政府审查过后，方可出版。审查分三类：第一，审查通过即可出版；第二，依照指示修改后才可出版；第三，遵照指示修改后，须呈再审。《国史大纲》属于第三类。钱穆坚持己见，几经周折终于在1940年6月按原稿出版。

在西南联大时期，钱穆讲课同样受到学生欢迎。何兆武回忆说："当时教中国通史的是钱穆先生，《国史大纲》就是他的讲稿。和其他大多数老师不同，钱先生讲课总是充满了感情，往往慷慨激越，听者为之动容。据说上个世纪末特赖齐克在柏林大学讲授历史，经常吸引大量的听众，对德国民族主义热情的高涨，起了很大的鼓舞作用。我的想象里，或许钱先生讲课庶几近之。据说抗战前，钱先生和胡适、陶希圣在北大讲课都是吸引了大批听众的，虽然这个盛况我因尚是个中学生，未能目睹。钱先生讲史有他自己的一套理论体系，加之以他所特有的激情，常常确实是很动人的。"也就是说当时钱穆讲历史不是单纯地客观介绍，而是把历史与民族史、当时的抗战与民族复兴结合起来，因此能引起学生们的共鸣。

1939 年夏秋之交，钱穆经香港、上海归苏州探母，夫人亦率子女从北平南旋来相会。此间，钱穆除去上海会晤吕思勉外，杜门不出，开始学习英语，并达到通读西洋通史原文的程度。同时钱穆有意对《史记》地名进行通考，始撰《史记地名考》。此书体裁别出，词简义尽，篇幅不大，但将其所长，各补其所短，再用今天地名附在其后，一年时间完成该书。加上《国史大纲》，两年完成两书，且又与家人团聚，可谓度过了他在战乱中最惬意的时光。

钱穆侍奉老母一年后，即 1940 年赴顾颉刚之约前往齐鲁大学。他在齐鲁大学主持国学研究所，又兼齐鲁大学的课程。齐鲁大学国学研究所设在成都北郊的赖家园。顾颉刚负责其事，除钱穆、胡厚宣到所任职外，又邀请叶圣陶、张维思、吕叔湘、韩儒林、孙次舟等学者来此讲学，一时学术成绩显著。赖家园风景别致，其中有一亭，名"消夏亭"，钱穆常到此读书。消夏亭呈长方形，占地八九百平方尺（约一百平方米），中间置大型长桌，供集会之用；前端临池，横置小型长桌，钱穆平日喜在此读书、撰文。四周空阔，夏日清风徐来，荷叶飘香，有些山林习读之趣。研读既久，感到困倦，就提了手杖，到田野蹊径间漫步。

钱穆在此讲授中国通史、中国文化史等课。方诗铭在《钱宾四先生散忆》一文中回忆："我初得瞻风采即在先生的中国通史班上。时《国史大纲》甫问世，授课即以此为讲义，并多有所发挥。班中同学甚众，多有来自外校者。宾四先生善言辞，长于演讲，而颉刚先生则反是，上课时多写墨板，略加解释而已。时我年龄甚轻，学问之道初窥藩篱，对两先生的渊博浩瀚唯有瞪目震惊罢了。宾四先生讲课时颇带乡音，蜀人初听之下，颇有茫然之感。久之，我对先生的乡音渐有所悉。再久之，更不觉先生言辞中有乡音，如听一般的普通话。先生授课，于兴至之处，时高举双臂，慷慨激昂，间更纵声而笑。"钱穆讲课保持一贯风格，凡是听过课的学生，无不欣赏其博学与口才。

不久，顾颉刚办《文史杂志》到重庆，很少回成都，研究所实际工作由钱穆主持。钱穆在此指导严耕望、钱树棠、杜先简等从事学术研究，尤其是每周六举行学术座谈会，学生先讲，老师作总结，这样调动了学生们的积极性，对他们日后的工作帮助很大。齐鲁研究所办有三种学术刊物，《责善》《齐大国学季刊》《齐鲁学报》，其中《责善》为学生习作提供园地，顾颉刚的《浪口村随笔》、钱穆的《思亲强学室札记》刊载其上，为学生们学习、治学提供示范。学生获益匪浅。

其间，迁至嘉定的武汉大学请他讲学，他在首次讲演中认为，历史学有两只脚，一只脚是历史地理，一只脚是制度。中国历史内容丰富，讲的人常可各凭才智，自由发挥；只有制度与地理两门学问都很专门，而且具体，不能随便讲。但这两门学问却是历史学的骨干，要通史学，首先要懂这两门学问，然后自己的史学才有巩固的基础。严耕望是听课的学生之一。他回忆说："过去大学中国通史课程教得最成功的，我想应数钱穆宾四先生为最。因为他学力、才气兼备，加以擅长讲演，又定于民族感情，所以他在北京大学讲中国通史，据说极一时之盛。此外就我所知，没有一个人能兼备这四项条件，所以也不能有他那样的卓越表现。虽然我当时尚在南方读中学，不能聆听钱先生的通史课程，但后来抗日战争期间，他到武汉大学讲学一个月，我听了他几次通论性讲演，并读到他的《国史大纲》，章节编制与一般通史书迥异，内容尤多警拔独到处，往往能以几句话笼罩全局，精悍绝伦。想象他在北京大学讲通史时，正当四十余年的盛年，精力充沛，驱之以民族感情，发之为锋利讲辞，其能动人心弦，激发青年爱国情操，可以想见。"

在这里，钱穆与文学院院长朱光潜相识，又应马一浮之邀去岷江对岸的复性书院讲学。在此期间，应国立编译馆之约编写《清儒学案》。此前虽有徐世昌《清儒学案》问世，但"庞杂无类"，钱穆承担此任，读清人文集，认真挑选。这时，他开始编写《清儒学案》，并请人购得清代诸家的遗书。关学一部分最详备，李颙一集精读勤思，根据其行谊特撰一新年谱，李颙一生精神得以再现。钱穆自谓开诸学案未有之先例。又有江西宁都七子，钱穆挑选其相互讨论《中庸》未发已发问题，条贯叙述，也是最满意的一篇。他最后在总结清人所作诸学案基础上新编定六十四个学案。全书四五十万字，由他亲手抄写，生活清苦故找不到人另写一副本。抗战胜利，《清儒学案》书稿随箱装船返南京时，不慎落入长江中，一番心血付之东流。所庆幸的是书序已在四川省立图书馆《图书季刊》上发表，才得以保留。其基本大意是，不同意清代理学衰世的观点，认为清代经学依宋元而来，不过益精益纯而已。理学本包孕经学为再生，即便是经学考据大盛，理学也不绝如缕。钱穆本此把理学分为晚明诸遗老、顺康雍、乾嘉、道咸同光四个阶段，并指出不同特色。

1941 年，张其昀等在贵州遵义创办《思想与时代》杂志，该杂志以"发扬传统文化之精神，吸收西方科技之新欲"为宗旨，钱穆是其主要撰稿人。学术重心由历史转向文化。钱穆说："自《国史大纲》以前所为，乃属历史性论文。仅为古人申冤，作不平鸣，如是而已。以后造论著述，多属文化性，提倡复兴中国文化，或作中西文化比较，其开始转机，则当自为《思想与时代》撰文始。是余生平学问思想，先后转折一大要点所在。"钱穆将其撰述陆续刊载在《思想与时代》杂志上，后集成《中国文化史导论》。全书共分十个题目：（一）中国文化之地理背景；（二）国家凝成与民族融合；（三）古代观念与古代生活；（四）古代学术与古代文字；（五）文治政府之创建；（六）社会主义与经济政策；（七）新民族与新宗教之再融合；（八）文艺美术与个性伸展；（九）宗教再澄清民族再融合与社会文化之再普及与再深入；（十）东西接触与文化更新。书中从中西文化比较出发，详细论述了中国文化产生、发展、演变的历程，揭示了中国文化内在的精神及其独特的发展规律，可以说是《国史大纲》思想的发展。这是钱穆入蜀以来在思想与写作方面的一个新转变。

齐鲁大学南迁时，借用华西大学的一部分校舍。钱穆也兼华西大学的课。1943年，齐鲁大学研究所停办，钱穆就应邀在华西大学任教。是年秋，他与冯友兰、萧公权等去重庆高级训练班讲学，在此期间钱穆患了胃病。返成都后，病情加剧，遵医嘱在家休养。养病时，钱穆在床上读完了《朱子语类》一百二十卷，病情好转后移居灌县灵岩山寺，向方丈借阅《指月录》，并一气读完两书，对唐代禅宗终于转归宋明理学一演变，获有稍深之认识。

1945 年抗战胜利后，在昆明的北大学生要求复校，聘胡适为校长。当时胡适在美国，校务由傅斯年署理。旧的北大同人不在昆明的均已收到信函返回北京，钱穆没有得到邀请，这与傅斯年及考证派的学术异趣有关。战前钱穆与傅斯年保持良好的关系，与他当时反对今文经学不无关系，但在通与专的问题上，钱穆主张贯通，傅斯年偏于专。其对史学的认识也不同，傅斯年主张考证、史料。钱穆除此之外，更偏于文化，钱穆撰写《国史大纲》曾对考证派的史学提出批评。严耕望认为，抗战之前，中国史学界以史语所为代表的新考证学派声势最盛，无疑为史学主流；唯物论一派也有相当吸引力。钱穆虽以考证文章崭露头角，为学林所重，由小学、中学教员十余年中跻身大学教授之林，但他的民族文化意识特强，在意境和方法论上日渐强调通史，认为考证问题也当以通识为依归，因此与考证派分道扬镳，隐然成为独树一帜、孤军奋斗的新学派。钱穆治学风格在当时不占主流，因此受到排挤是很自然的。当时上海各高校争欲聘请，他感到时局动荡，欲择一安静去处，排除纷扰，闭门著书。此间，曾被邀去常熟作讲演，钱基博、钱锺书父子也被邀，同住在一个旅馆中。

1946年，钱穆应聘执教于昆明五华书院，并兼任云南大学课务。西南联大的旧同事刘文典和罗膺中也在云南大学任教。钱穆在云南大学开中国文化史，云南大学和五华书院的学生均来听课，又在五华书院开专书选读，李埏曾代为辅导。钱穆在昆明期间，先寓住翠湖公园，后迁居唐家花园，生活由李埏夫妇照顾，唐园中藏书不少，钱穆每天看书其中。唐园面积很大，风景宜人，他读书之余，常散步其中。他在五华书院为讲授中国思想史，在省立图书馆翻阅了大量宋、元、明三朝诸禅师的著作，以及金、元两代新道教的书籍，并自惜当时只写过一些小文，而未能有大的撰述。此间，他连同早些时候在成都养病时所积累的有关理学方面的资料，为后来在港台期间撰写《宋明理学概述》《朱子新学案》等理学著作打下了基础。此间，他还为军官学校训练团讲"中国古代军事史"，撰写相关论文，刊在李埏主持的《民意日报》的《文史》副刊上。

钱穆胃病多年，友人劝他吃家乡食，对胃病甚有好处。1948年，他应无锡荣氏之邀，应聘任教于无锡江南大学，并与唐君毅论交。钱穆与老校主荣德生夫妇同居一楼上下。

每周六晚餐后，即与荣氏畅谈，从其实业兴学中，深感中国传统文化价值所在。他回忆说："由此可知中国社会之文化传统及其心理积习，重名尤过于重利。换言之，即是重公尤胜重私。凡属无锡人，在上海设厂，经营获利，必在其本乡设立一私立学校，以助地方教育之发展。即德生一人为例可证。方与其兄宗镜（荣德生的兄长）从事实业经营，成为一大资本企业家，其最先动机即为救助社会失业。待其赢利有余，即复在乡里兴办学校，其重视地方教育又如此。及其晚年又筑一蠡湖大桥，其重视地方交通公益又如此。余私窥其个人生活，如饮膳，如衣着，如居住，皆节俭有如寒素。"他赞赏荣德生的人生观，尤其对荣氏言行践履自己的人生观无不感到敬佩。由此也引发钱穆对中国文化传统价值的进一步研讨。

校舍新建在县西门外太湖之滨的坡上，风景极佳。钱穆常雇小舟，荡漾湖中，悠闲无比，故写成《湖上闲思录》一书。是时又撰成《庄子纂笺》，实为近代庄子研究突出的力作。

翌年春，钱穆与江南大学同事唐君毅应聘于广州私立华侨大学，由上海同赴广州。在广州，两人一同去郊外看望当时居住在黄艮庸家中的熊十力先生。一日偶遇张其昀，闻其拟在香港办学，旋即迁居香港，结束了他在内地几十年的教书与研究生涯，开始了人生的又一次重大转变。他的老师吕思勉、好友顾颉刚写信，劝他回归，均表拒绝。

钱穆曾给吕思勉一封回信，大意是：老师一生劳瘁，无一日余闲，现在年事已高，我做学生的不能为您尽一点孝心，不能为您扫地、铺床，每想到此，心中总感到非常遗憾。老师劝我沪港两地自由来往，这是我做不到的。学生对中国文化薄有所窥，但不愿违背自己的主张，愿效法明末朱舜水流寓日本传播中国文化，也很希望在南国传播中国文化之一脉。钱穆出走香港也是出于不得已。他的政见与当时的主流趋向不合，钱穆学术风格又与主持台湾史坛的傅斯年等相左，内地和台湾都不是他的理想归宿，因此，去香港是他的最佳选择，实属必然。

新国史的马前卒

这个时期，钱穆史学的精彩之处表现在对国史的新探索，《国史大纲》一书集中反映了他在这方面的贡献。全书前有引论，指出当前中国迫切需要写一部新通史，而这种新通史应具备下列条件：第一，能将我国民族以往文化演进的真相明白示人，为一般有志认识中国以往政治、社会、文化思想种种演变的人们提供所必要的知识。第二，应能在旧史统贯中映照出现今中国种种复杂难解的问题，为一般有志革新现实的人所必备参考。前者在于积极地求出国家民族永久生命的源泉，为全部历史所由推动之精神所寄；后者在于消极地指出国家民族最近病痛的征候，为改进当前方案所本。这也正是钱穆写该书的主旨。围绕着这一主旨，他提出以下颇具特色、引人思考的意解。

温情与敬意。针对百年来中国人对于历史文化的浮躁心理和褊狭意识，钱穆提出了对祖国历史怀抱一种"温情与敬意"的思想。翻开《国史大纲》，首先映入眼帘的是印在扉页上的"凡读本书请先具下列诸信念"：

一、当信任何一国之国民，尤其是自称知识在水平线以上之国民，对其本国已往历史，应该略有所知。（否则最多只算一有知识的人，不能算一有知识的国民。）

二、所谓对其本国已往历史略有所知者，尤必附随一种对其本国已往历史之温情与敬意。（否则只算知道了一些外国史，不得云对本国史有知识。）

三、所谓对其本国已往历史有一种温情与敬意者，至少不会对其本国已往历史抱一种偏激的虚无主义（视本国已往历史为无一点有价值，亦无一处足以使彼满意），亦至少不会感到现在我们是站在已往历史最高之顶点（此乃一种浅薄狂妄的进化观），而将我们当身种种罪恶与弱点，一切诿卸于古人（此乃一种似是而非之文化自谴）。

四、当信每一国家必待其国民备具上列诸条件者比数渐多，其国家乃再有向前发展之希望。（否则其所改进，等于一个被征服国或次殖民地之改进，对其国家自身不发生关系。换言之，此种改进，无异是一种变相的文化征服，乃其文化自身之萎缩与消灭，并非其文化自身之转变与发皇。）

以上四条，完全是针对那种糟蹋圣贤、毁谤传统的浅薄而发的。他严肃地批判了亡国奴与次殖民地心态，力图复兴中华民族精神，恢复中国人的历史意识。在民族虚无主义、民族文化自杀自灭论风行一时的氛围中，尤其是日本侵略者铁蹄践踏祖国大好河山，民族处在内忧外患的困难时期，钱穆倡导"温情与敬意"的文化心态，对避免民族精神受到进一步的伤害，具有极其重要的意义。他是"五四"以来的文化保守主义阵营中的健将，文化保守主义并不是政治上的保守主义，而是文化精神上的传统主义，其主旨是弘扬民族精神，光大人文传统，批判全盘西化、唯科学主义、现代化的负面，健康地重建现代中华文明，重建人性的尊严与民族的尊严。

评论当时史学诸流派。钱穆认为近代研究史学主要有三派：一是传统派（记诵派），二是革新派（宣传派），三是科学派（考订派）。他认为，传统派主张记诵，熟悉典章制度，多识前言往行，精于校勘辑补。科学派是以科学方法整理国故的潮流而起。这两派都偏重历史材料方面，缺乏系统，因而无意义，是一种纯书本文字，与现实无关。革新派治史有意义、有系统，并努力把史学与现实结合起来。但他们急于求知识，而怠于问材料。对于历史，他们既不如记诵派知识广，也没有考订派所获的史实精。因此，实质上革新派由于缺乏史实和史材，治史也就变得无意义了。钱穆指出："此种通史，无疑的将以记诵、考订派之工夫，而达宣传革命派之目的。彼必将从积存的历史材料中出头，将于极艰苦之准备下，呈露其极平易之面相。将以专家毕生尽气之精力所萃，而为国人月日浏览之所能通贯。"钱穆与近世革新派研究史学的目的一样，都是拯救中国，但研究方法和结论则与之相反。

周予同指出："钱氏站在'通史致用'的观点，要求治史者'附随一种对其本国已往历史之温情与敬意'，其出发点是情感的、公民的；考古派站在'考史明变'的立场，希望治史者抱一种'无征不信'的客观的态度，其出发点是理智的、学究的。钱氏斥责他们为'以活的人事换为死的材

105

料',其实考古派也可以说自己是'将死的材料返为活的人事的记载,以便治史者引起对于本国已往历史之温情与敬意'。依个人的私见,这两种见解并不是绝对对立的,考古派的研究方法虽比较琐碎,研究的范围虽比较狭窄,但这种为史学基础打桩的苦工是值得赞颂的。钱氏说'治国史不必先存一揄扬夸大之私,亦不必抱一门户立场之见,仍当于客观中求实证,通览全史而觅取其动态'。所谓'于客观中求实证',考古派学者不是很好的伙伴吗?"周予同的观点似比钱穆较温和,指出不同流派的特色,认为兼收并蓄,可以补偏救弊。

历史上的生力与病态。近代新派史学在政治制度、学术思想和社会经济三方面研究的结论大体上是:在政治上,秦以来的历史是专制黑暗的历史;在文化上,秦汉以后两千年,文化思想停滞不前,没有进步;在社会经济上,中国秦汉以后的社会经济是落后的。钱穆的通史研究在立论的标准上反对以一知半解的西方历史知识为依据,主张深入理解本民族文化历史发展的个性与特性。又以整体与动态的方法,把国史看作一不断变动的历程。他认为,几千年来的中国社会经济、政治制度、学术思想是发展变化着的,而不是一成不变的。

就政治制度而言,综观国史,政治演进经历了三个阶段，由封建（分封）统一至郡县的统一（这在秦汉完成），由宗室外戚等人组成的政府渐变为士人政府（这自西汉中叶以后到东汉完成），由士族门第再变为科举竞选（这在隋唐两代完成），考试和选举成为维持中国历代政府纲纪的两大骨干。就学术思想而言，秦以后学术，不仅从宗教势力下脱离，也从政治势力下独立，渊源于晚周先秦，递衍至秦汉隋唐，一脉相承，历久不衰。北宋学术的兴起，实际上是先秦以后第二次平民社会学术思想自由发展的新气象。就经济而言，秦汉以后的进步表现在经济地域的逐渐扩大，而经济发展与文化传播、政治建设逐渐平等相伴而行，尽管在历史上快慢不同，但大趋势在和平中向前发展。

钱穆认为，中国古代社会政治、经济运作的背后有一个思想观念存在。在学术思想指导下，秦以后的政治社会朝着一个合理的方向进行。如铨选与考试是《礼运》所谓"天下为公，选贤与能"宗旨所致。在全国民众中施以一种合理的教育，在这个教育下选拔人才，以服务于国家，有成绩者可以升迁。这正是晚周诸子士人政治思想的体现。秦汉以后的政治大体按照这一方向演进。汉武帝按董仲舒的提议，罢黜百家，专门设立五经博士，博士弟子成为入仕的唯一正途。此后，学术地位超然于政治势力之外，也常尽其指导政治的责任。三国两晋时期统一的政府灭亡，然而东晋南北朝政府规模以及立国的理论仍然延续两汉。隋唐统一政府的建立，其精神渊源则是孔子、董仲舒一脉相承的文治思想。秦代政治的后面，也有一个远大的理想，这个思想渊源于战国学术，秦汉不失为沿着时代的要求与趋势而前进的进步政治。隋唐统一无疑证明，中国的历史虽经历了几百年的长期战乱，其背后尚有一种精神力量依然使中国再度走上光明之路。钱穆所讲的这种精神力量是以儒家为主的优秀文化传统，它才是民族文化推进的原动力，即"生力"。

钱穆也分析了阻碍中国历史发展的"病态"。"中国史之隆污升降，则常在其维系国家社会内部的情感之麻木与觉醒。此等情感，一旦陷于麻木，则国家社会内部失所维系，而大混乱随之。"如中唐以后的社会是一个平铺散漫的社会，政治仍为一种和平大一统的政治，王室高高在上，社会与政府之间相隔太远，容易招致王室与政府的骄纵与专擅。又如社会无豪强巨富，虽日趋于平等，然而贫无赈，弱无保，其事不能全部依赖于政府，而民间又苦于不能自振。再如政府与民间沟通在于科举，科举为官后出现腐败等。这都是中唐以后的病态。宋儒讲学主要是针对这种种病态而发。然而宋以后不能自救，招致蒙古入主中原，使中国政治进一步遭到损害。明代废除宰相，尊君权，以及清代统治，皆背离了传统士人政治、文治政府的精神。这些都是中国历史中的病态。

更生之力来自内部。钱穆认为，挽救这些病态则需要一种"更生"。这种更生是国家民族内部自身一种新生命力的发舒与成长。"所谓更生之变者，非徒于外面为涂饰模拟，矫揉造作之谓，乃国家民族内部自身一种新生命力之发舒与成长。"他认为中国文化调整和更新的动力来自自身，说："一民族文化之传统，皆由其民族自身递传数世数十世数百世血液浇灌，精肉所培壅，而始得开此民族文化之花，结此民族文化之果。非可以自外巧取偷窃而得。""我民族国家之前途，仍将于我先民文化所赋自身内部获得其生机。""抑思之又思之，断断无一国之人，相率鄙弃其一国之史，而其国其族，犹可以长存于天地之间者。亦未有专务于割裂穿凿，而谓从此可以得我先民国史之大体者。继自今，国运方新，天相我华，国史必有重光之一日，以为我民族国家复兴前途之所托命。"坚信中国文化更生的动力源于其中所包蕴的无限生命力。

钱穆还联系实际指出，近世以来，中国急切地先学德日，后学英法美，又学德意，再学苏俄，都学遍了，但都碰壁了。要学的学不到，要打倒自己几千年来文化历史、政治社会的深厚传统，急切又打不倒，这是近代中国最大的痛苦和迷惘。现应以沉静的理智来看看自己以往的历史，在学习外方经验时，必须更注意复活传统文化精神，只有这样，中国才能真正地独立自存。而对西方文化的挑战，钱穆致力于发掘中国文化系统的独特性，反对所谓"中国比西方落后一个历史阶段"，仍处于"中古"或"封建"诸说，反对不加分析地把中西历史文化传统与性格的不同，看成是一古一今之别。他并不是盲目的守旧者，认为中国文化是随着时代改变的，主张吸收、结合世界各国文化新精以求变、求新。他对中国文化传统的生命力抱着无比坚定的信心，并把世界文化前途放在中国文化上。钱穆着力重建中国人对中华民族的情感和对中国历史的尊重，强调要在国家民族自身的内部，求其独特精神之所在，作为国家民族永久生命的泉源。这些思想，都值得我们反复咀嚼、借鉴、吸取、发扬。

很多史学家对历史上的一些细枝末节会轻易放过，而钱穆却能注意到别人不曾留意到的地方，往往在平易之处，体现出他的春秋笔法。严耕望称《国史大纲》："多具创见，只观其章节标题，已见才思横溢，迥非一般刻板僵化，死气沉沉者可比。尤极难能者，往往能以数语，笼括一代大局。如论春秋战国大势云：'文化先进诸国逐次结合，而为文化后进诸国逐次征服；同时文化后进诸国，虽逐次征服先进诸国，而亦逐次为先进诸国所同化。'此数语切中事机，精悍绝伦。伸而论之，前世如商之灭夏，周之灭商；后世如北魏南牧，辽金侵宋，清之灭明，其结果影响皆可作如此观。在此进展中，华夏文化疆域逐次扩大，终形成疆土一统、文化一统之广土众民大国局面。其他胜义纷陈，不能尽列"。

通史之作，先有夏曾佑的《中国古代史》仅写至隋代。刘师培的《中国历史教科书》三册，只写到西周。20世纪40年代，有张荫麟的《中国史纲》止于东汉开国，缪凤林的《中国通史纲要》编至清代，仅为讲义而未能公开出版。只有钱穆的《国史大纲》为一部完整的国史，缪凤林称"时贤著作，实鲜能与之比拟，立言之正，尤为抗战以来出版界所未见"。顾颉刚对钱著好评，认为所有的通史，多属千篇一律，彼此抄袭。其中较近理想的，有吕思勉的《白话本国史》、周谷城的《中国通史》、邓之诚的《中华二千年史》、陈恭禄的《中国史》、缪凤林的《中国通史纲要》、张荫麟的《中国史纲》、钱穆的《国史大纲》等。其中除吕思勉、周谷城、钱穆等的书外，其余均属未定之作，钱穆的书"最后出而创见最多"。严耕望认为，目前所有各种中国通史中，仍以钱宾四先生的《国史大纲》为最佳，内容既有见识力，也有深度，迥非其他几部通史所能企及。

另外，《国史大纲》所表现出的史学精神，特别是全书始终贯穿着对民族文化"温情与敬意"的精神，受到学术界的普遍关注，出版后引起不同凡响，陈寅恪、张其昀对《引论》均给予肯定，称其为值得一读的"大文章"。滞留在北平等沦陷区的学人，读后倍增民族必胜的信念，就连"五四"时主张废除汉字的反古健将钱玄同也时有悔悟，迷途知返。总之，此书成为当时全国大学的教科书，风行全国，对增强民族凝聚力、激发广大青年积极参加抗战起了很好的推动作用。

转入文化史的探索

关于因何研究文化，钱穆后来回忆说："我国家民族四五千年之历史传统、文化精义，乃绝不见有独立自主之望。此后治学，似当于国家民族文化大体有所认识，有所把握，始能由源寻委，由本达末，于各项学问有入门，有出路。余之一知半解，乃始有转向于文化学之研究。"《中国文化史导论》则是这方面的代表作，该书主要探讨了以下问题：

在讨论文化与文明的关系时，钱穆认为，相对而言，文化偏重于内，属于精神方面，而文明则属于文化的外化、物化，偏重于外。他说："文明文化两辞，皆自西方逐译而来，此二语应有别，而国人每多混用。大体文明文化，皆指人类群体生活言。惟文明偏在外，属于物质方面。文化偏在内，属于精神方面。故文明可以向外传播，向外接受，文化则必由其群体内部精神积业而产生。"他在这里所说的文化，又是指的小文化，即精神文化。他举例，近代一切工业机械，全由欧美人发明，这正表现了近代欧美的文化精神。但这些机械，一经发明以后，可以到处使用。轮船、火车、电灯、电线、汽车、飞机等都已经在世界各地通行了。但这仅表明欧美近代的工业文明已经传播到各地，或者说各地均已接受了欧美人的近代文明，但不能说近代欧美文化已经在各地传播或接受。在他看来，产生机械的是文化，应用此项机械而造成人生的形形色色是文明。文化可以产生出文明，文明却不一定能产生出文化来。由欧美近代的科学精神而产生出种种新机械新工业，但采用此项新机械新工业的不一定能产生出与欧美人同样的科学精神。他所以强调文化与文明的差别，主要是从人文的立场，着意挖掘文化精神的价值。从这里我们不难看出他与科学主义者胡适的区别。

关于中国文化的发源。钱穆从地理与气候两方面深研中国文化发生的背景及其对中国文化产生的影响，以及与人类其他远古文明发源的比较等问题。

就地理环境看，人类文化的最先开始，其居住地均依赖河水的灌溉，以使农业易于产生。而灌溉区域不宜太大，四周围有天然的屏障，好让这一地域的居民，一方面易于集中而达到适当的密度，另一方面易于安居乐业而不受外围敌人的侵扰。埃及、印度、巴比伦皆如此。钱穆认为中国文化有所不同，他不同意中国文化起源于黄河的观点，认为这种观点只看到世界诸文明古国发源上的共性，而没有发现中国文化的特殊性。黄河本身并不适于灌溉与交通。准确地说，中国文化发生不依赖黄河本身，而所依凭的是黄河的各条支流。每一条支流的两岸及其流进黄河时两水相交的那一个角落里，才是古代中国文化的摇篮。他把那种两水相交而形成的三角地带叫作"水楞杈"，即中国古书中的"汭"，就是两水环抱之内的意思，用现代的话来说就是三角地带。

根据这种理论，他具体分析了中国文化的几个发源地。唐虞文化发生在今山西西南部，黄河大曲的东岸及北岸，汾水两岸及其流入黄河的三角地带。夏文化则发源于今河南西部，黄河大曲的南岸，伊水和洛水两岸及其流入黄河的三角地带。周文化发生在今陕西东部，黄河大曲的西岸，渭水两岸及其流入黄河的三角地带。这些三角地带土地肥沃，交通方便，很早就形成了一个文化共同体，这是中国西部文化系统的发生过程。商文化发源于今安阳县附近，在这里有漳水、洹水流入黄河。漳水和洹水流入黄河所形成的三角地带是殷商文化的发源地。殷商文化又与东部一些两水相交所形成的其他文化，形成了中国古代东部文化系统。中国古代河流水系非常大、非常复杂，依大小分成不同等级。中国古代的农业文化，似乎先在诸多的小水系上开始发展，渐渐扩大蔓延，弥漫为整体大水系。有了复杂的大水系，就有农耕所需的灌溉区域，诸区域相间，可隔离独立，使每一个区域里的居民一方面密集到理想适合的密度，另一方面又有四周天然屏障保护而满足其安全要求。如此很适合古代社会文化的酝酿与成长。一旦小区域内的文化发展到一定限度，又可凭借小水系进到大水系而相互之间发生亲密的接触。因此，中国文化一开始就容易走进一个大局面。

从气候看，中国地处北温带，气候条件以及物产等方面均不如其他几个文明古国好。这种气候环境使中国人一开始便在一种勤奋耐劳的情况下创造自己的文化。在分析中国文化产生的地理环境、气候条件之后，钱穆得出了三条结论：

第一，人类古代文化发源，一般是在小环境里开始，其缺点在于不易形成伟大的国家组织。只有中国文化从一开始就在一个大环境下展开，因此，容易养成并促进政治、社会，以及人事等方面的团结与处理方法的才能，使中国人能迅速完成内部统一。这是其他国家民族所不及的。

第二，在小的环境里产生的文化，容易遭受外围文化较低的异族侵略，而打断或阻碍其发展。只有中国因为在大环境下展开，又能迅速完成国家内部的团结与统一，因此，对外来异族的抵抗力量特别强，得以不受摧残，而保持其文化不断向前发展。

第三，古代文明多在小地面的肥沃区域里产生，因此容易到达其顶点，很早就失去另一新鲜向前的刺激，使其活力受到限制，趋向过度的奢侈生活，而招致社会内部的腐败与退化。只有中国文化因为在贫瘠而较广大的地面产生，因此，不断有新刺激与新发展的前途，在其文化生长过程中，社会内部也始终能保持着一种勤奋与朴素的美德，使其文化常有新精力，不易腐化。

在他看来，中国文化赖以产生的地理环境及气候是特殊的，因而造成了中国文化渊源的特殊性，使中国文化发展走了一条与其他民族文化发展不同的独特道路。这一结论是中肯的。

钱穆认为中国文化的发展主要经历了以下四个不同时期，并指出其特色。第一个时期是先秦。这个时期中国人把对人生的理想和信念确定下来，这是中国文化演进的大方针，也是中国文化的终极目标所在。其具体表现在国家凝成与民族融合、古代观念与古代生活、古代学术与古代文字的形成与确立等诸方面。第二个时期是汉唐。这个时期的中国人把政治社会一切规模与制度大体规划出一个轮廓。这是人生的共同境界，必须首先把它安顿妥帖，才谈得上个人的发展。虽经过魏晋南北朝的中衰期，但汉代政治制度上的建构与唐代文学艺术上的成就是最值得称颂的。第三个时期是宋元明清。这个时期的特点是文学与艺术的显著发展，人生的共同境界安定了，个性的自由发展也开始了。他对这一阶段中国文化的基本看法是，从总体上说与汉唐相比趋向衰弱，但也有许多值得大书特书的地方。主要表现为宗教思想的再澄清，民族的再融合，社会文化的再普及与再深入。第四个时期是我们面临着的最近将来的时期。

钱穆着重论述了这一时期。他认为，从上一时期的最后阶段开始，中国文化面临着东西接触与文化更新的问题，具体表现为两个方面：一是如何赶快学到欧美先进文化，求强求富，好把自己国家和民族的地位支撑住。二是如何在学到欧美先进文化的同时，不致把自己的传统文化精神断丧或戕害。换言之，即如何再吸收、融合西方文化，使中国传统文化更光大与更充实。如果第一个问题不解决，中国将无法存在。如果第二个问题不解决，即使中国存在，中国传统文化也消亡了。如果中国传统文化消亡了，也就是中国消亡了。钱穆以中国文化本位的立场回答了这两个问题。他坚信，科学在中国发展以后将不会损害或拆毁中国原有的文化。因为中国传统文化，一向是高兴接受外来新元素而仍可无害其原有的旧组织。这不仅在于中国国民性的宽容博大，也因为中国传统文化特有的中和性格，使其可以多方面地吸收与融合。他不仅可以容受，还能开新，这是我们对于面临的最近中国新文化时期之前途的希望。钱穆把以上四个时期分别称为宗教与哲学时期（此处所用的宗教与哲学即指人生的理想与信仰），政治与经济时期（政治采用民本精神的文治政府，经济主张财富均衡的自由社会），文学与艺术时期（文学艺术偏重在现实人生而又能代表一部分的宗教性能），科学与工业时期（科学在理论方面必然发挥实现第一时期的理想与信仰，科学在实用方面必然受第二时期政治与经济理论的控制与督导）。但这种区分，并非说中国文化在变异与转换，只是说中国文化在推广与充实。中国文化依然是这一大趋向，只逐次推广到各方面，充实了各部门。由此以往，中国人才能真正到达他终极理想的天下太平与世界大同时期。

钱穆对中国文化史研究的特点在于，从中国文化本身出发，寻找中国文化发展的内在逻辑，强调中国文化发展的独立性与特殊性；克服了机械地运用西方模式分析中国文化的弊病。从纵向看，肯定中国文化五千年一贯而下、一脉相承的特点，同时突出了中国文化在不同时期发展中所体现的特殊性，把中国文化发展连续性的一般趋向与其在不同时期发展的特殊性有机地结合起来。从横向看，一方面强调文化的整体性，它是民族精神的体现，并对此采取全方位的综合考察；另一方面又看到文化整体内部要素之间的具体差异性，深入文化的不同方面进行具体分析。他把文化的整体考察与个别具体分析结合起来，认为研究中国文化应从历史入手，强调文化的民族性和社会性，把历史、民族、社会统一起来。可以说他的文化史，不是狭义的文化史，而是社会史、民族史、文化史（狭义）相结合的广义文化史。

钱穆还探讨了中国文化的融合精神。他肯定"融合"精神在形成民族国家、民族文化与民族性格的过程中所具有的特殊的意义。他指出：考察中国文化史，特别要注意两件事。第一，中国文化是由中华民族所独创的，即由中国国家所独创。民族与国家，在中国史上，是早已融凝为一的。第二，中国文化的演进，四五千年来是一脉相承、传统不辍的。由第一点，人们往往误会中国文化为单纯；由第二点，人们又往往误会中国文化为保守。其实中国文化一样有它丰富的内容和动进的步伐。关于第一点，钱穆强调民族之融合与文化之融合，以此说明中国文化的丰富多样；关于第二点，钱穆屡屡指出中国文化的进展是在和平形态下进行的，走的是和平的、大一统的道路，即融合与同化之路，而不是向外斗争、排斥、冲突之路。这是我们民族、国家精神命脉所系，不在一种力之向外冲击，而在一种情之内在融合。

首先是民族融合。钱穆认为，民族创造出文化，文化又融凝此民族。中国古人创造出的文化传统，使中华民族不断地融凝、扩大，成为一更新、更大的民族。中国古人的民族观与文化观有密切关联，其民族观不以血统而以文化作为标准，只要是同文化，便成同民族。古人的文化观，以人文为体，以化成天下为用。中国民族在古代，原是由多数族系经过长期接触融合而渐趋统一的。在其统一完成之后，也还依然不断地有所吸收与融合而日趋扩大。中国民族如一大水系，是由一大主干逐段纳入许多支流小水而汇成一大流的。在历史上可分成四个时期。第一时期从上古到先秦。这是中国民族融合统一的最先基业的完成。在此时期内，中国民族即以华夏族为主干，而纳入许多别的部族，如东夷、南蛮、西戎、北狄之类，而融合形成一个更大的中国民族。这便是秦汉时代的中国人。因民族融合的成功，才有秦汉时代的全盛。第二时期自秦汉到南北朝。在此时期内，尤其在秦汉之后，中国民族的大流里，又汇集了许多新流，如匈奴、鲜卑、氐、羌等诸族，而进一步融成一个更新、更大的中国民族，这便是隋唐时代的中国人。又因民族融合的成功而有了隋唐时代的全盛。第三时期自隋唐到元末，在此时期内，特别是在隋唐以后，在中国民族里汇进了更多新流，如契丹、女真、蒙古之类，再进一步形成明代的中国人。此次的民族融合之成功，又有了明代之全盛。第四时期自满人入关至于

120

现代，在中国民族里又继续融合了许多新流，如满族、回族、藏族、苗族等，此种趋势，尚未完结。这一民族融合的成功，无疑将给中国带来又一全盛时期。这四个时期，证明中华民族是在不断吸收、不断融合、不断扩大、不断更新中发展的，中华民族禀有坚强的持续性，同时又具有伟大的同化力，这大半要归功于其民族之德行与其文化之内涵。

其次是文化融合。钱穆认为，中国人的文化观念是深于民族观念的，即是文化界线深于民族界线的。但这并不是说中国人对于自己文化自高自大，对外来文化深闭固拒。中国文化虽孤立创造，也没有可以为其借鉴或取法的相等文化供作参考，但中国人的传统文化观念，是极为宏阔而适于世界性的，不局限于一民族或一国家，是超越于民族界线和国家疆域的、一种特殊的世界意味的传统文化观念。中国文化的包容性、同化力，可以从中国人学习、消化佛学中得到证明。当时中国人对于印度那种公开而恳切、谦虚而清明的态度，对于异国僧人的敬意，以及西行求法之虔诚，表明了中国文化的开放程度及博大气象。钱穆说，两晋南北朝时期的高僧，若论其内心精神，我们不妨称他们是一种变相的新儒家。他们研寻佛法，无非是想用佛法来代替儒学，作为人生最高真理的指导。他们宗教的意味浅，教育的意味深；个人出世的要求淡，为大众救济的要求浓。因此，在东汉末年及三国时代，佛教尚不失其一种宗教的面目而流传在社会的下层。直到两晋以后，佛教便转成一种纯真理探求与纯学术思辨的新姿态而出现。此后，印度佛教在中国文化园地上生根结果，完全成为一种中国化的佛教，在中国开创了许多印度原来没有的新宗派。例如，隋唐佛学中的天台宗、华严宗都是中国自创的。天台宗中所谓"即空即假即中""三谛圆融"，华严宗所谓"理事无碍""事事无碍""一即一切""一切即一"等，这些理论都已把中国人看重现实人生的传统观念融入佛教教义，变成中国化的佛教。再如，禅宗的兴起，使佛教教理更加中国化。中国人把佛教教理完全应用到实际人生的伦常日用方面来，再不是印度原来的佛教了。那时在印度，佛教已衰歇，婆罗门教已复盛，而中国佛教乃成为中国文化大流里的一条小河，全身混化在大流中而失其独立的存在。

　　钱穆在考察了佛教中国化的过程后说，当时中国人的内心境界，一面是对于外来佛法新教义的饥渴追寻、诚心探究，一面是对于前代儒家旧礼教的恳挚爱护、笃守不渝。这里面固然也有一些当时门第势力等外在原因，但到底这种似相冲突而终究融合的广大宽平的胸襟，及其静深圆密的态度，是值得我们钦佩的。他认为，在中国史上，既没有不可泯灭的民族界线，也没有不兼容忍的宗教战争。魏晋南北朝时期民族的复杂，只引起了中国社会秩序的新调整；宗教新信仰的传入，只扩大了中国思想领域的新疆界。在中国文化史里，只见有吸收、融合与扩大，不见有分离、斗争与消灭。中国文化具有一种伟大的力量，能容纳、吸收、同化不同民族和异质的文化，来壮大自己，发展自己。同时，中国文化也能使不同文化、不同宗教信仰调和融通起来。如佛教、回教、耶稣教来到中国，不仅和中国传统文化无大冲突，而且这几大宗教之间也能和平共存。

钱穆在强调中国文化的融合精神的同时，并不否定文化冲突与文化变异。他不仅详细考证了印度佛学中国化的过程，也研究了波斯文化和阿拉伯文化。特别是欧洲文化东渐的历史，分析了四百年来东西方文化的接触、碰撞与融合。他指出，中国人对外族异文化，常抱有一种活泼广大的兴趣，常愿接受而消化它，并把外面的新材料，来营养自己的旧传统。中国人常抱着一个天人合一的大理想，觉得外面一切异样的新鲜的东西，都可以融会协调，和凝为一。这正是中国文化精神最主要的特征。钱穆认为，文化上有了冲突，所以要变；有了变，就引起冲突；冲突必设法调和，能调和，所以就成为常道。在文化传统里面，必然包含着长时期和多方面的活动，因此文化定有个大体系。在此大体系中，自然会不断发生冲突，也就得不断寻求调和。而任何一个文化体

123

系，不会没有冲突，因其所经历的时期太长，中间内容又太复杂，总要产生冲突，有了冲突就需要调和。在钱穆看来，世界各民族、各体系的文化，都逃不掉冲突与调和的两面。但总体来看，似乎西方文化的冲突性更大，中国文化的调和性更强。在西方，从希腊到罗马，从中古到近代，灵魂与肉体、科学与宗教、个体与群体，都发生过激烈的冲突。冲突并不是坏事，冲突能引起文化更新。但冲突也有负面效应。中国文化之伟大处，乃在最能调和，使冲突的各方面兼容并包，共存并处，相互调剂。这是我们文化的强大生命力之所在。

第6章

创办新亚　文化培壅

1950年，钱穆等人在香港创办了新亚书院，并任院长，开始了艰苦办学时期。在这块前殖民地的土地上，他呕心沥血，重新浇灌中华文化之根，培养了大批人才，造就出了新亚精神，不仅在学界，而且在社会上也产生了积极影响。

创办新亚书院

新亚书院是在亚洲文商夜校的基础上改建的。改建后校址迁到桂林街。桂林街是在九龙平民区中新辟的一条街，一排都是四层楼，学校占其三单位中的三、四两层，每单位每层约三百尺。三楼三单位中，一单位是学生宿舍，另两单位各间隔成前后两间。前屋两间向南，各有一个阳台，张丕介、唐君毅夫妇分住。后屋两间，一间为钱穆居住，另一间是办公室，并兼钱穆与张丕介、唐君毅两家的厨房。四楼三单位隔成两大两小四间教室，其他教师住在校外。起初只租几间房，白天在教室办公，晚上当宿舍，还是不够住，于是阳台、走廊、楼梯上都睡满了学生，上下楼都无法通行。书院的学生多半是内地来港的青年，总计全校约一百人。学费收入仅仅得20%，而教师课务很繁重，规定按钟点拿钱，上一小时课只得报酬二十元港币。

据钱穆回忆，新亚书院创始条件相当艰苦，最先并无丝毫的经济支持，只由几位创始人各自捐出少数所得，临时租得几间课室。其先，教师没有薪给，学生无力缴纳学费，学校内部没有一个事务员和校役，一切全由师生共同义务合作来维持。当时新亚书院的教授大多是内地去香港的各界知名人士，而且多半是学术界钱穆的故旧好友，有的为支持钱穆办学竟表示授课不要报酬，如张维翰对他说：'君艰苦创学校，恨无力相助，愿义务任教国文一课，以表同情。'还有梁寒操、卫挺生、罗香林等诸先生也都表示鼎力相助。"

新亚书院的办学宗旨是："上溯宋明书院讲学精神，并旁采西欧导师制度，以人文主义教育为宗旨，沟通世界东西文化。"书院教育以人物为中心，现代教育以课程为中心。

新亚书院是以各门课程来完成人物中心，以人物来传授各门课程。新亚书院的办学宗旨鼓舞着钱穆和他的同仁。当时，许多内地人到香港，就像在大海上四处漂泊，前途渺茫，失去了精神依托。而在这块英国殖民地上，钱穆创办新亚书院，不仅为许多内地来港青年提供了一个学习机会，更重要的在于护持中国文化，培养经受中国文化洗礼的中国人。

创办新亚书院的目的是：第一，要培养一种既有丰富知识，又懂得如何做人的堂堂正正的中国人，符合这双重标准的才是一个完整的人。要求学生在寻求科学知识的同时，完成自己人格的修养，每个人应该凭着自己丰富的知识和高尚的人格精神去为国家民族作贡献。第二，要求每一个中国青年必须重新认识自己民族的历史和文化，多多了解自己的文化，因为这关系中华民族的前途和命运。而中华民族的前途和命运，也就是我们每一个人的前途和命运，必要时应去为自己的民族而献身，切莫为个人的私利和短见而忽略了这一大使命。第三，认为中国要现代化，我们必须在发扬中国传统文化的同时向西方学习，学习西方的科学技术和民主精神，沟通中西文化，使中国文化成为世界文化的一部分，被世界人民所尊重。

新亚书院规定了目标，并鼓励学生去为之奋斗，提出

"生命奋斗，就愈有价值，无奋斗的生命，终将会枯萎"。新亚的校训是"诚明"二字，取自《中庸》："自诚明，谓之性；自明诚，谓之教。诚则明矣，明则诚矣。"于是，钱穆亲自为新亚书院撰写了校歌："山岩岩，海深深，地厚厚，天高明，人之尊，心之灵，广大出胸襟，悠久见生成。珍重珍重，这是我新亚精神。十万里上下四方，俯仰锦绣，五千载今来古往，一片光明。五万万神明子孙，东海西海南海北海有圣人。珍重珍重，这是我新亚精神。手空空，无一物，路遥遥，无止境。乱离中，流浪里，饿我体肤劳我精。艰险我奋进，困乏我多情。千斤担子两肩挑，趁青春，结队向前行。珍重珍重，这是我新亚精神。"这首歌被谱成曲，为广大师生结队高唱，以鼓舞志气、激励精神。

1951 年，香港大学中文系主任英国人林仰山邀请钱穆去香港大学任教，钱穆以新亚在艰苦中，不能离去婉谢。林仰山请他去兼课，钱穆又以新亚事万分艰辛，实不容余再在校外兼课分心相辞。林仰山对钱穆说，您来港大，不仅港大诸生同教受益，而且港大中文系一切课程编制及系务进行亦得随时请教。盛情难却，钱穆答应必要时参加港大中文系活动，可参与，但不任职。

在极端艰难困苦的条件下，钱穆、唐君毅等人呕心沥血，创办新亚书院。由于钱穆及同仁的辛勤耕耘，他们凝成的新亚理想，经过数年的奋斗，终于结出了硕果，培养了一批高质量的人才，引起香港各方面的关注，获得各方面的同情和尊敬。新亚逐步得到国际的承认与支持。1953年，新亚书院得到美国雅礼董事会的赞助，即每年助款25000美元。此时，钱穆坦言相告，即使获得资助，也不能改变新亚的办学宗旨，不能把新亚变成一所教会学校，雅礼表示绝不干预校政。在雅礼的资助下，新亚旋即在嘉林边道租了一新校舍，这比桂林街的旧校舍大得多。学生分别于嘉林边道与桂林街两处上课。不久，有美国福特基金会捐款，后来在哈佛燕京学社的资助下，兴办新亚研究所。新亚研究所不经考试，只是面谈，即许参加。加入者或暂留一年或两年即离去，或者长期留在所里。研究所从获得哈佛燕京学社协议款项起，才正式招生。研究所招生不限于新亚毕业生，其他大学毕业生均可报名应考。研究所又聘请香港大学刘百闵、罗香林、饶宗颐为所外考试委员，并请香港教育司派人监考。录取后修业两年，仍须所外考试委员阅卷口试，才能毕业。

新亚书院获得雅礼、燕京学社等方面的资助后，虽然困难得到解决，但仍不忘初创的艰难，并总结出新亚精神。1955年，钱穆在《新亚五年》中讲道："新亚这五年来，永远在艰困中。校舍是如此般局促而简陋，图书是如此般稀少而缺乏，教授们永远没有正式的薪给，老抱着一种牺牲的精神来上堂。学生们大多数交不出学费，半工半读，老挣扎在饥饿线上来校上课，而且是愈来愈穷了。他们凭借这学校几堂课，来作为他们目前生命唯一的安慰，作为他们将来生命唯一的希望。在此一种极度的穷窘困顿之下，不期然而然的，听出一句口号来，说是新亚精神。所以我常说：新亚精神，老实说，则是一种苦撑苦熬的精神而已。"在新亚精神的鼓舞之下，校绩发扬光大。为了表彰钱穆的贡献，港督在香港大学1955年毕业生典礼上，授予钱穆名誉博士学位。翌年，钱穆与新亚毕业的学生胡美琦女士结婚。

20世纪50年代至60年代，钱穆在新亚书院，除处理浩繁的校务工作外，还承担许多课程，多次开设文化讲座、组织学术讨论会，并经常在港台地区作学术讲演。如他在台北省立师范学院等学校以"文化学大义"为题系统讲演四次，讲稿经整理由正中书局出版。他又在台湾"国防部政治部"以"中国历史精神"为题作七次演讲，通过对中国五千年历史文化传统的回顾，对国家民族前途充满了信心。他还在台湾各学校发表了关于人生方面的演说，后收入《人生十论》一书中。此书主要从文化视角谈人生，对于增加人们对人生问题的理解，颇有启发。

1960年，钱穆应邀出国讲学。他先后在美国耶鲁大学、哈佛大学授课、讲演。在耶鲁大学讲课结束时，还被授予该校的名誉博士学位。校长宣读了对钱穆的颁授词，特请耶鲁教授李田意用汉语读出中文颂词，内容是："钱穆先生，你是一个古老文化的代表者和监护人，你把东方的智慧带出了樊笼，来充实自由世界。你是新亚书院的创办人和校长，在教育中国青年的事业上，耶鲁是你的同志和拥护者。耶鲁大学鉴于你个人的天才和你在学术上的成就，特授你以人文学博士学位。"钱穆后又去哥伦比亚大学为"丁龙讲座"作演讲，课余进行广泛的学术交往。他在与该校历史系主任卢定讨论中国史与西方史的不同时强调：中国人所理解的历史事件，即包括人生全部，并非仅指政治、经济、军事、外交等事件。中国历史就是一部人生史，或说是一部文化史。他又与顾孟余、杨联升、柳无忌等见面，还在同伴的陪同下游历美国名胜。在美国停留七个月以后，他应邀去英国访问，参观了牛津、剑桥，后又去了法国、意大利，最后回到中国香港。在出国讲学期间，钱穆向西方介绍了中国传统文化，对西方了解中国，增进相互间的学术交往起了积极作用。

钱穆在教学之余，坚持从事研究工作，并取得了丰硕的成果。这个时期他出版了一些新著，如《中国历史精神》《文化学大义》《人生十论》《中国思想史》《宋明理学概述》《中国思想通俗讲话》等。另外，他还把过去的重要论文、演说词汇编成书，如《国史新论》《四书释义》《庄老通辨》

《两汉经学今古文平议》《民族与文化》《学籥》《论语新解》《中国文学讲演集》等。

香港当局早有意在原有的香港大学外，另建一所大学。1963年香港中文大学成立。1965年选定崇基、联合、新亚三校为基本学院，此后其他私立学院，凡是办得有成绩的，均可陆续加入。崇基是一个教会学院，经济上由美国各教会支持，创办于新亚之后。联合书院由亚洲基金会出资，聚合其他私立学院所组成。新亚、崇基和联合三校都得到美国方面的支持，港府自感不安，乃有创办一所新大学的动议。港府派人为创建新大学的事宜与三校磋商，当然也直接与钱穆商谈此事，而且校长也已物色好。新亚书院决定参加大学，钱穆去意已定。新亚加入新建的中文大学后，学生毕业资格获得承认，教师们的生活待遇也得到改善，但新亚初创的精神、办学宗旨却在大学制度下渐渐消失，而新亚的独立性也受到了限制。由此，钱穆在大学成立半年后，征得董事会的同意，辞去了新亚书院院长的职务。

自创办新亚书院十五年来，钱穆在极端艰苦困难的条件下使新亚逐步壮大，得到社会和国际学术界的承认、尊重。他在离开新亚时，其心情万分感慨。后来，他在台湾出版的《新亚遗铎》中全面翔实地记录了新亚创办的历史。从某种意义上说，新亚精神就是中国文化的精神，也是钱穆所追求的精神。

文化人生互诠释

20 世纪 40 年代初钱穆转入文化研究,50 年代出版《文化学大义》。此书为 1950 年年底去台北省立师范学院讲演稿改定而成,于 1952 年出版,这是他继《中国文化史导论》后的又一部文化方面的力作。此书的基本特色是钱穆构建了自己的文化学体系。

关于文化学的研究对象,钱穆把它界定为研究人生意义与价值的学问。"文化学是研究人生意义的一种学问。自然界有事物,而可以无意义。进入人文界,则一切事物,必有意义之存在。每一事物之意义,即在其与另一事物之内在的交互相连处,即在其互相关系处。人生意义,概括言之,有两大目标:一是多方面之扩大与配合,一是长时期之延续与演进。此即中国《易经》上所谓的可大可久。任何人生之某一方面,某一时期,若与其他方面其他时期之联系性割绝而孤立了,则不仅无扩大、无演进,而且其本身亦将无意义可言。于是,我们暂可得一结论,文化学是就人类生活之具有传统性、综合性的整一全体而研究其内在的意义与价值的一种学问。"由此我们可知,钱穆的文化学,是人文主义的文化学，而不是科学主义的文化学。人文主义的文化学强调研究的重心是文化系统的价值与意义，尤其是大群人生与历史文化传统的多方面开拓与长期发展的价值与意义。

黄文山与钱穆的观点有所不同，他在《文化学体系》一书中虽然注意到"人本主义的系数"，但仍是科学主义的文化学，或者是科学与人文的一种拼凑。他认为文化学是一种文化的科学、经验的科学、规范的科学，"它所研究的文化体系，是由'道'（价值体系）、'器'（物质体系）与'人的动因'（行的体系）所结合而成"，因而不能离开人类的价值和目的，是一种目的的科学、理解的科学，"文化学者对于文化的领域，是一个'共同动作者'与'共同参与者'"。他又强调，不能因为研究对象的抽象性与非确定性，而把文化学视为排斥实验方法的"臆测的科学"。文化学不是神学、玄学，而是经验的科学，它与自然科学一样，也要找寻或建立法则。钱穆的文化学重视的是人生问题，因而不太注重前述黄文山强调的实验主义方法或科学法则。但这并不是说钱穆不研究文化的法则。他关于文化的三层次、两类型和七要素的研究，就十分有深度。

关于文化的结构，钱穆依据人生的三类，划分了文化的三层。"文化既是人类生活的一个整一全体，我们要开始研究此整一全体，必先将此复杂的连绵的整一全体先加以分剖。分剖的方法，也可有两大步骤。第一是把此多方面的人生试先加以分类，第二是把此长时期的人生试先加以分段。前者是对人类文化一种横剖面的研究，亦可说是平面的研究。后者是对人类文化一种纵割性的研究，亦可说是直线的研究。但人类文化又是时空交融的一个整一全体，因此我们的分类分段，横剖纵割，又须能两者配合。划分时期与分别部门这两工作，我们又必须到达一较自然的符合。"准此，他把人生分为三类，文化分为三层。

第一层次是物质的（或自然的、经济的）人生，第二层次是社会的（或政治的、集团的）人生，第三层次是精神的（或心灵的）人生。首先是物世界，其次是人世界，再次是心世界，因而有了物质人生、社会人生和精神人生。从纵向看，人文演进有如此三时期，人类文化史可以纵割成上述三阶段。从横向看，任何时空条件下的文化系统，都可以横剖成由内而外，由心到人到物的三层次。从物质文化到社会文化到精神文化，是文化系统的三大层次。它们并非对立，而是相互涵摄，相互融合，相互衔接，相互补充。这三阶层从目的看，第一层求存在，第二层求安乐，第三层求崇高；从方法看，第一层重视斗争性，第二层重视组织性，第三层重视融合性。第一阶层的文化特性是外倾的，向外斗争的。第二阶层则是内倾的，向内团结的。但当人类文化到达第三阶层，那时则内外一体，物我交融，古与今时间性的隔阂融合了，自然界与人文界的壁障也同样融合了。他认为，文化演进正是人生目的之逐步提高。但人类文化有时往往越过了第二级而直达第三级，这就是文化的过早成熟。有时为着高一级的目的而牺牲低一级，这就是文化演进中的变态或苦难。但文化也常常从苦难中跃进。如果仅为了低级目的而遏塞了高级的，则是文化之逆流与倒退。文化三阶层正常演进时，应该是一个超越一个，同时也是一个包含一个的。

文化的要素，他指出主要有七部门或七方面，如经济、政治、科学、宗教、道德、文学、艺术。这七要素在人类整体文化中各有其地位、功能、意义与价值。其中道德与艺术是中国文化中的两大支柱，儒家偏于道德，道家偏于艺术，是中国人生两大精神之所在。

文化类型，钱穆讨论了人类文化的类型，从根本源头处考察，大抵人类文化，最先由于自然地理生态环境的不同，尤其如气候物产等之相异，而影响及生活方式，再由其原始的生活方式之不同，影响到此后种种文化精神的大趋向。他由此指出人类文化在其源头上有三大类型：游牧文化、农耕文化和商业文化。这三大类型又归纳为两类：农业文化、游牧和商业文化。因为农业文化大体上是自给自足的，而游牧与商业则同样需要向外依存，要吸收外来的营养维持自己。

农业民族是安定的、保守的，游牧与商业民族则是变动的、进取的。

钱穆从总体上比较了农业文化与游牧和商业文化的不同。两者的不同表现在外倾型与内倾型的差异。他认为，外倾型的文化"常看世界为内外两敌对。因其向外依存，故必向外征服。但征服即征服其自所依存者。依存者被征服，即失却依存。此其一。其文化精神寄托在向外征服上，而空间有限，征服再征服，以至于无可征服，则最后成功，即无异于最后之失败。此其二。人生即是自然之一部分，不可能与自然对立。若使彻底征服自然，即连人本身，亦复在内。此其三。内外对立的宇宙观，最难是内外的界限并不明确。严格言之，人的自身亦就是一个外，征服自然，而人生本身就在自然之内，于是最后必然要扑一个空，不得不投入抽象，回归上帝与精神界。结论是征服了自己来回归上帝，征服了物质来回归精神，实际上成为人类文化一终极的矛盾。此其四"。相反，内倾型的文化"常看世界是内外协一，因其内自足，而误认为亦自足，然明明遇到外不自足者向我侵略，当面即是一矛盾。此其一。内倾型的文化，寄托在自安自足上。但富强相倾，这是可对比的，外面的富强，可以形成自己内部的不安足，则立足不稳，不免要连根栽倒。此其二。在理论上，外倾型的观念，比较圆满，但在实践上，凭其战斗向前精神，易于取得临时的胜利，而终极则不免要失败。内倾型的文化，就理论讲，其观念较圆满，但在实践上，和平而陷于软弱，要守守不住，要定定不下，远景虽美，抵不住当前的横风暴雨。于是人类文化，遂在此两类型之偏胜偏短处累累地发生了无穷的悲剧。这是以往一部整个的人类史，要待我们从头来调整"。

游牧与商业文化起于内在不足，故常外倾；农业文化起于内在自足，故常内倾。前者常是趋向于富强性的文化，后者则是趋向于安足性的文化。前者是富而不足，强而不安；后者则足而不富，安而不强。前者常觉有一个外界和我对立着，永远引诱它向外征服，否则是向外依存；后者则常觉外面也像内部，内外一线，浑然一体，只求融合，不求扩张。前者主斗争，后者主协调。前者常想向外伸展，是注重空间的；后者常想向后绵延，是注重时间的。前者要开疆扩土，无限向外；后者要子孙万年，永守勿失。前者注意群，注意大集团，核心大而外界狭；后者注意家，注意小集团，核心小而外界宽。前者必游离飘扬，归宿到抽象化，易于发展宗教；后者必土里生根，归宿在实体化，易于发展伦理。宗教里的上帝，还是和我们异类对立的；伦理里的人群，则是和我们同类并存的。因此坚信宗教的，可以对异信仰、异教徒不容忍、不宽恕；而道德伦理，则必以互相宽容、宽恕为前提。两者虽同主博爱，而一含敌对性，一含容恕性，仍然不同。

钱穆的中西文化观展望未来世界文化是多元共处、各从所好、不相冲突，又能集异建同、调和凝结的，这建立在互尊互信、肯定民族文化个性的基础上。钱穆的文化观启发我们必须自觉地拥有自己的文化认同。我们应当通过教育，重新拥有自己的传统，以开放的方式批判地摄取传统资源，摄取其他文化传统的精华。这是实现现代化的一个重要基础。

钱穆把文化与人生联系起来，或者说从文化视角理解人生。《人生十论》是他在这方面的代表作。此书包括人生三路向，适与神，人生目的和自由，物与心，如何探究人生真理，如何完成一个我，如何解脱人生之苦痛，如何安放我们的心，如何获得我们的自由，道与命十个问题。

人的生与死。钱穆认为，人生只是一个向往，向往必须有其对象，那些对象常常是超我而外在。由于对人生的追求和向往不同，他区分为三种人生观：西方的人生观、印度的人生观和中国的人生观。近代西方的人生是向外追求的，外向人生观是一种极端功利主义和片面的人生观。印度的人生观则是一种内向人生观。印度人把人生向往彻底翻了一个身，转向人生的内部，只求向自己内部心上用功夫。儒家的人生，不偏向外，也不偏向内，不偏向心，也不偏向物，也不屹然中立，也有向往，但只照一条中间路线而前进，这种前进也将是无限的。他把这种人生观称为一种现前享福的人生观。福的境界不能在强力战斗中争取，也不在遥远的将来，只在当下的现实。儒家思想并不反对福，但他们只是主张福德俱备，只有福德具备那才是真福。他也不排斥吸收其他人生向往的积极方面。

人死便有个归宿，在钱穆看来，人生最大问题，其实并不在生，而实质是死，凡所谓人生哲学、人生观等，质言之，都不过是要回答此一死的问题而已。他认为，西方人、印度人、中国人不仅在人生向往方面不同，而且在人生向何处去、人生的归宿方面也有区别。佛家的人生归宿是涅槃，它是一种虚无寂灭之义。基督教的人生归宿是天堂。无论是基督教的天堂，还是佛教的涅槃，都不是钱穆所主张的人生的真正归宿。他认为中国人的归宿是人生不朽论，也就是春秋时期叔孙豹所说的立德、立功、立言这三不朽，孔子后来以仁来表示。仁是钱穆所理解的人生观第一义，仁是不朽的。

钱穆把人生分为三步骤。第一步是生活，主要是人的物质生活，它的意义与价值是来维持和保养人的生命存在的，也可以说生活是生命存在的一种必要的手段或条件。生命是主，生活是从。生命获得了维持和保养，才能有所表现。由此，引出人生的第二步，即行为与事业。人生的行为与事业就是中国古人所讲的修身、齐家、治国、平天下，也是儒家倡导的内圣外王之道。那么如何修身齐家？这就过渡到人生的第三步。第三步是德性与性命。所以，做人第一要讲生活，这是物质文明，第二要讲行为与事业，修身、齐家、治国、平天下，这是人文精神，第三是最高的人生哲学，要讲德性性命。德性性命是个人的，而同时也是古今人类大群体共同的。钱穆不仅论述了人生发展的三步过程，而且从这三步发展出发，导出了文化发展的三个层次：物质文明、人文精神、人生哲学。这三个层次一步比一步高，反映了他所追求的理想与境界。

人生目的和自由。钱穆谈到人生目的和自由问题时主张，由自然界演进而有生物，生物则是有目的的。生物的目的在于维持与延续其生命。生物只有这一个目的，并无其他目的可言。而这一求生的目的，也是自然界所赋予的，因此，生物的唯一目的也可以说是无目的的，仍是一个自然。生命演进到有了人类以后，人类的生命与其他生物的生命就大不同了。人类在求生的目的之外，还有其他的目的存在，其重要性更超过了其求生的目的。就是说，求生存并不是最高的目的，还有更高的超人生的目的。人生只是一串不断的事情的连续，而在这个不断的事情的连续后面，各有其不同的目的。人生正因为有这些目的，才有意义。他把有目的、有意义的人生称为"人文的人生"，或"文化的人生"，以此来区别于自然的人生，也即区别于以求生为唯一目的的人生。文化人生才是人生的目的。文化人生应是人类从自然人生中解放出来的一个自由。文化人生真正体现了人生的目的和意义，使人获得了更充分的自由。自由不是一句空话，它里面包含着对人生的积极肯定，同时也与人生所处的文化背景相适应。因此，人生要获得更大的自由，达到目的，首先就要发展文化，提高精神上的生活兴趣，消灭由于经济发展带来的社会异化等阻碍人生发展的消极方面，把人生目的和自由与文化发展进步结合起来。钱穆虽然坚持人生的整体观，物质人生与精神人生并重，但更强调的是精神人生，这只是针对商业化倾向和现代病而发的。

传统政治非专制

关于传统政治的探讨，早在 20 世纪 30 年代，钱穆在北京大学就讲授过中国政治史这门课，此后也多次涉猎中国传统政治，尤其是传统政治制度问题。1951 年，他赴台北，应总统府战略顾问委员会的邀请，以"中国历代政治得失"为题发表演讲，分汉、唐、宋、明、清五代，略述各项制度，来证明中国历史自秦汉以下（除清代外）并非专制。这些学术演讲不仅传播弘扬了中国文化，而且增强了人们对国家民族未来的自信心。

在回答为什么研究政治史这个问题时，钱穆认为，政治是文化体系中一个重要项目。尤其在中国，其文化精神偏重在人文方面，儒家的抱负一向看重修身、齐家、治国、平天下。他指出要研究中国传统文化绝不应该忽略中国传统政治，认为辛亥前后，由于革命宣传，把秦朝以后的政治传统用"专制黑暗"一笔抹杀。人们对传统政治的忽视，加深了对传统文化的误解。如果平心客观地来检讨中国文化，自然应该检讨传统政治。这也是他研究政治史的原因之一。再者，政治制度必然有其自根自生的特殊性，即使有些可以从外国借鉴，也要先与本国固有的传统结合、沟通才能发挥作用。否则，无生命的政治、无配合的制度是无法成长的。挖掘两千年来中国传统政治，检讨传统政治的现代意义，也是钱穆研究政治史的原因。他尤其不能接受用"专制黑暗"四个字把中国传统政治全部否定的简单做法。从某种意义上说，他研究政治史是由此而发的。

在钱穆看来，政治应该分为两方面，一是人事，一是制度，人事经常变动，制度则由人创立、由人改订。制度较为稳定，可以规定人事、限制人事。他研究中国政治史的侧重点是制度的沿革问题。研究制度主要有四个问题，即政府组织、考试和选举、赋税制度、国防与兵役制度。这四方面从汉代起，经过唐、宋、明、清，大体反映中国政治制度的沿革。

研究政府组织指的是研究政府职权的分配。从汉、唐、宋、明、清五个朝代看中国历史上政府职权的分配制度，可认识中国传统政治的大趋势及其内在的根本意向。研究考试和选举制度让人们知道在中国历来的政治上规定着什么样的人才可以参加政府，政府是怎样组织的，政府的职权是怎样分配的，进而明了其内在的意义。一个国家的政权，究竟应该交给哪些人，这是第一义的，至于政府内部各项职权应该如何分配，这是第二义的。中国历史上考试和选举两项制度，其用意在政府和社会之间打通一条路，好让社会在某种条件某种方式下来掌握政治、预闻政治和运用政治，这才是中国政治制度最根本问题之所在。至于政府内部职权是怎样分配的，这是政府的组织法，它是产生政治的根本大法。研究政府的赋税制度，就是研究政府的财政经济制度。研究国防与兵役制度，就是研究武力保卫政府的问题。此外，还有学校、教育制度等，钱穆都进行了全面考察。

在对诸项制度系统研究后，他得出以下结论：（一）中国传统政治，论其主要用意，可以说全从政治的职分上着眼，因此第一注重的是选贤与能，第二注重的是设官分职。（二）因为中国是一个大国，为便于统一，因此不得不保留一个举国共戴的皇帝，但因无法运用民意来公选，皇位不得不世袭。（三）要避免世袭皇帝的弊害，最好是采用虚君制，由一个副皇帝即宰相来代替皇帝负实际的职务及责任（明清两代则由皇帝来亲任宰相之职，只不负不称职之责）。（四）政府与皇室划分（此直到清代皆然）。（五）政府与社会融合，即由社会选拔贤才来组织政府。（六）宰相负一切政治上最高而综合的责任。（七）选拔人才的责任，交付给各级行政官员自行采用其属员（从汉至唐辟举），考试权交付给礼部和吏部（宋代以后则专在礼部）。（八）考得成绩升黜官吏则交给吏部。（九）监察弹劾权交付与特设的独立机关（唐代之御史台下至明代之都察院）。（十）对皇帝的谏诤责任及最高命令的复审与驳正权，交付给事中与谏官（这两官职，唐代隶属于宰相，宋以后到明渐渐成为独立机关，清代废除）。（十一）职权既定，分层负责，下级官各有独立地位，几乎政府中许多要职都分配在下级，而由上级官综其成，宰相则总百官之成。

张君劢对钱穆的观点给予批评，他说"君主制度下，无人民主权之规定，无国会之监督，无三权分立之牵制"，这是专制之缘由，"宰相、三省、文官等制，皆由君主制中之所流衍而出，其制度之忽彼忽此，其人之忽黜忽涉，皆由君主一人之好恶为之，不能与今日西方国家之内阁制（总理）与文官制相提并论"。钱穆"以为君主专制之名不适用于中国君主，试考秦、汉、唐、宋历史，自秦始皇以下逮洪宪帝制，何一而非以一人之意独断独行，视天下为一家私产者乎？其间虽有贤明之主与昏庸之主之分，其以天下为一家之私，如出一辙"。徐复观也对钱穆的观点提出批评，认为依钱穆之说，两千年专制并非专制，因而我们应当安住于历史传统专制之中，不必妄想什么民主。"而我所发掘的却是以各种方式反抗专制，缓和专制，在专制中注入若干开明因素，在专制下如何多保持一线民族生机的圣贤之心、隐逸之节，伟大史学家文学家面对人民的呜咽呻吟，及志士仁人忠臣义士，在专制中所流的血与泪。"中国古代社会由帝王统治，秦以后采取中央集权制，皇帝更具有至高无上的权力，而且不经选举而世袭下去，在这种帝王专制下，即使臣子有权力，但也相当有限，谈不上什么民主与自由，历代的民变，以及晚清以来的资产阶级民主革命本身就说明了这一点。总的来说，钱穆矫枉"五四"以来反传统的偏激主张在这里有些过正了，张、徐对他的批评既客观又中肯，反映了历史原貌。

大视野的理学观

早在 20 世纪 20 年代钱穆就关注理学，曾写成《王守仁》一书。四十年来他系统地阅读了理学书籍，作了充分的学术积累，到香港后先后写成并出版研究理学方面专著《宋明理学概述》，以及涉及理学的有关专著，如《中国思想史》等，形成了自己大视野的理学观。

钱穆对宋明理学的历史地位分析道："中国思想以儒学为主流。儒家可分先秦儒、汉唐儒、宋元明儒、清儒四期。汉唐清儒都重经典，汉唐儒功在传经，清儒功在释经。宋元明儒则重圣贤更胜于重经典，重义理更胜于重考据训诂。先秦以来，思想上是儒道对抗。宋以下则成为儒佛对抗。道家所重在天地自然，因此儒道对抗的一切问题，是天地界与人生界的问题。佛学所重在心性意识，因此儒佛对抗的一切问题，是心性界与事物界的问题。禅宗冲淡了佛学的宗教精神，挽回到日常生活方面来。但到底是佛学，到底在求清静，求涅槃。宋明儒沿接禅宗，向人生界更进一步，恢复到先秦儒身家国天下的实际大群人生上来，但仍须吸纳融化佛学上对心性研析的成就。宋明儒会通佛学来扩大儒家，正如《易传》《中庸》会通老庄来扩大儒家一般。宋明儒对中国思想史上的贡献，正在这一点，在其能把佛学全部融化了。因此有了宋明儒，佛学才真正走上衰运，而儒家则另有一番新生命与新气象。"

钱穆虽然强调宋明理学与先秦儒学、佛学之间的联系，但也注意到宋明理学与它们的区别。从宋明理学与先秦儒学的关系看，先秦儒学是当时新兴的平民学，所针对的是当时的贵族阶级即世袭的国君与卿大夫之流。而宋明理学则承接南北朝、隋、唐社会佛学余波，所针对的是方外（佛老）。先秦儒学自诩为当时社会政治的改造者，而宋明儒学具有宗教气氛，他们虽然讲治国、平天下，但他们的主要精神放在修身、齐家方面。只有北宋初期儒学对政治颇感兴趣，接近了先秦儒学，但也带有汉唐文人的气息（北宋初期对经史子集等方面的研究）。中期以后，汉唐文人气息洗涤一净，换上严肃的面孔。如果说先秦儒偏向上层政治，那么宋明儒学则偏向下层教育，并带有宗教的色彩。从宋明儒学与隋唐宗教比较来看，一则宗教偏重在出世，而宋明儒学主张入世，二则宗教偏重信，以及外在之教，宋明儒学则由信转悟，由教转理。不重外在之教，而要转回头到心悟其理，唐代禅宗为这两者的过渡。禅宗主张本分为人，已经扭转了许多佛家的出世倾向，又主张自性自悟，自心自佛，早已从信外在之教转向明内在之理。宋明儒则由此更进一步，乃由佛转回儒，这才是宋明儒的真血脉。因此说它直接承继孔孟不全对，说它是禅学也不是真相，而是儒道释三者融会的产物。

这是钱穆对宋学的基本看法。接着他把宋明学术分为北宋初期的儒学、中期宋学、南渡宋学和明代理学四个历史时期，并进一步分析不同时期的学术特点。

北宋初期的儒学。谈及宋代儒学，就会使人联想起理学，人们往往把宋代儒学与理学混为一谈。钱穆的观点是理学在宋儒中属于后起，在理学之前，已经先有一大批宋儒，他们的学术被称为北宋初期儒学。后来的理学或道学都是从宋初儒学中转来，因此，不了解宋学的初期，也将不了解后来的理学。他认为宋初儒学产生的思想渊源，除了佛学之外，晚唐以来的进士轻薄的诗词，以及那些颓废无力的小文艺，都已经满足不了人们思想上的需要，于是需要一种学术出现，这是宋学产生的思想原因。从当时的社会看，宋朝并不曾有真正的统一，从政治上说，无法与汉唐升平之世相比，似乎摆脱不了一种拨乱世的心情。这种社会环境使其学术路向不像汉唐时期儒学那么安和、专一，而是开阔，向多方面发展。这种社会历史条件决定了宋初儒学的特点是教育修养、政治治平、经史之学和文章子集之学的全面发展。他指出这一时期学术人的共同目标，即为重整中国旧传统，再建立人文社会、政治、教育的理论中心，把私人生活与群众生活再扭合在一条线上。换言之，即是重兴儒学来代替佛教，作为人生的指导。这可说是远从南北朝、隋唐以来学术思想史上的一大变动。必须注意到这个时期那些人物的多方面的努力与探研，才能了解以后宋学的真正渊源与精神。

中期宋学是理学的创立期。钱穆对这一时期的研究集中在周敦颐、邵雍、张载、程颢和程颐北宋理学五子，以形象的比喻指出他们与北宋初期儒学的不同：初期诸儒多方面的大活动，要到中期才有结晶，有归宿。画龙点睛，点在中期。初期画成了一条龙，要待中期诸儒替他们点睛。点上睛，那条龙始才全身有活气。他所谓的初期诸儒画了一条龙，是指宋初儒学学术上的多方面表现，包括政治治平、经史博古、文章子集和教育师道等方面的全面发展。这种全面发展开阔了人们的眼界，形成了一种新气象。但它们是铺开来的，广博有余而深度不足，没有把儒学的基本精神突出出来，也不能抵抗佛教的挑战。而北宋中期兴起的理学，突出了宇宙论和心性论，在北宋初期儒家画的这条龙上点上睛，使北宋学术有了重点。这对反对并消化佛学，使学术向纵深发展有积极意义。

南渡后的政治方面较之北宋相差甚远。但在学术思想上却毫不逊色。就朱熹一人而论，已是掩盖北宋两期诸儒之长而有余。朱熹是中国学术思想史上杰出的通儒，在这方面可以说是承续北宋欧阳修一派综汇儒学一脉而来。朱子学可以说是以综汇之功而完成其别出之大业者。朱熹有两个反对者，一是吕东莱的史学，另一个是陆象山的心学。如果说周敦颐、张载、程氏兄弟是儒学的别出者，那么陆象山则是别出派中的尤其别出者。但以后的儒学是朱熹一派得势。可以不夸张地说，正统的宋学完成在他手里。南宋在短暂的偏安中，学术界有这样的业绩，也是中国历史上少见的。

钱穆指出："明代学术，大体沿袭宋。关于学术上之中心问题及最高目标，均未能摆脱宋人，别自创辟，而且明代学术，较之宋代，远为单纯。初期宋学之博大开展，以及南渡后浙东史学之精密细致，明人都没有。他们只沿袭着正统宋学的一脉，但又于正统宋学中剔去了周、邵、张三家。实际明代学术，只好说沿袭着朱陆异同的问题。他们对此问题之贡献，可说已超过了朱陆，但也仅此而止。明学较之宋学，似乎更精微，但也更单纯。"在总体把握明代学术后，钱穆又把明代理学分为初、中、晚三期。

钱穆认为明代学术只有举王阳明一个人作为代表，其他有光彩、有力量的，也都在王阳明之后。由此出发，他把王阳明以前的明代学术称之为初期明学。中期明学是明代学术思想发展的辉煌时期。除王阳明外，还有湛若水、罗钦顺两人，形成明代中期学术界三足鼎立之势。中期以后的学术，如王学支流、后学，直到明末才开始发生大变化，因此王门各派学术也属于中期。他根据黄宗羲的《明儒学案》，把王门后学分为浙中学派、江右学派和泰州学派，并分别阐述这些学派的流变及特点，以示王阳明在明代理学中的地位。

钱穆还认为，如把中期宋学看作宋明理学的正统，那么程颢应该是中期宋学的正统。从他开始到程颐、朱熹一路，却由中期会合到初期。这是指朱子一反程氏兄弟以来正统理学学术狭窄，只重心性、理气的道学风习，而返回宋初诸儒的政治治平、经史博古和文章子集之学上去。另一条路是从程颢到陆象山，再到王守仁，由王守仁再转到泰州学派而至罗汝芳。这条路与朱熹走的那条路不同。这条路到此走到尽头，晚期明学就是承接那一条走到尽头的路，想另辟蹊径，可惜赶上明清之际的大剧变，没有得到重新发挥。不过明代理学的殿军明末诸遗老，却开出学术界的一片新天地，主要是他们批判晚明理学的空疏，倡导经世致用之学。

综上所述，钱穆对理学思想的研究有得也有失。得的方面：（一）重视从总体上把握宋明理学的特征及其基本精神，并在中国思想史、儒学发展史大视野中予以定位，使人对宋明理学的特点、基本精神以及历史地位一目了然。（二）重视从史学角度研究理学，侧重研究理学诸家、诸学派先后师承关系以及学术渊源，揭示了他们不同的特点，以及学术流变的轨迹。这种不把理学家思想平铺开来，而把他们之间看成是有联系的、有序的、系统的思想，体现了他治学一贯贯通的学术风格。不足之处在于，从史学出发，他过多地注重理学学术的流变、师友渊源，而对诸家的思想横向诠释的深度不够。另外，在理学研究专著体裁上多少有学案体的遗迹，引证原文偏多，理论分析少了一些。这与他早年受夏曾佑书的影响有关。

第 7 章

移居台湾　笔耕不辍

1967 年，钱穆辞去新亚书院职务后，离开香港，定居台北，开始了他晚年的生活。在此期间，他除兼任公职外，或外出讲学，或辛勤笔耕，整理修订旧著，同时也撰写一些新著，继续为阐扬中国文化而献身。

为中华文化献终身

卸任伊始，钱穆曾去马来西亚大学讲学。除了规定课程外，他日夜读《朱子语类》，这是他二十年前在成都养病时通读全书后的第二次，开始撰写晚年的巨著《朱子新学案》。在得到哈佛资金协助后，历时六年完成《朱子新学案》，为了便于读者阅读这部巨著，他又撰成《朱子学提纲》，冠之卷首。

定居台北后，钱穆先住在金山街，翌年7月迁至外双溪，因怀念幼时居五世大宅的素书堂，故以"素书楼"匾其居。他除著书外，还兼任数职。定居台北不久，老友张其昀邀请他去华冈文化学院（*后来的中国文化大学*）任教，因故而未能成行。1969年，张其昀再次相邀，钱穆接受聘请，担任文化学院史学研究所教授，在寓所为博士班学生讲授"中国史学名著"课。他在台湾文化学院历史系研究所任教时，学生来其住处客厅上课。他在讲课基础上写成《中国史学名着》《双溪独语》等书。钱穆还应蒋复聪院长之聘担任台湾故宫博物院研究员，故宫博物院特为他开辟了一个研究室，在此他读了《四库全书》中的宋、元、明三朝理学诸集，选择其中十余人，各撰专篇论文。

有一年，台湾孔孟学会邀请钱穆撰写孔子、孟子两传。他早年曾有《论语要略》《孟子要略》，并因此延伸推广为《先秦诸子系年》，后又有《论语新解》。他本想婉言谢绝，但又推脱不掉，于是先写了《孔子传》。不料，交稿后却受到学会评议会的指责，指出稿中某些条款应修改。钱穆认为这是学术著作，不比政治行事，须遵会议决定，学术著作的观点只需作者本人负责。他自认此稿是字字斟酌，语语谨慎，经数十年积累之卓见，有据有证，也非另创新说，因此，不接受评议会的指责。该书后来几经周折终于出版。他在回忆其生平著作中，有《先秦诸子系年》一书，顾颉刚曾送清华大学，由于其出版丛书委员会中有人指出体裁不当，令改撰，钱遂转送商务印书馆出版。又有《国史大纲》一书，经当时政府出版委员会审查，指令修改书中某些章节，经多次争执，终于依照原稿出版。此次《孔子传》一书付印的周折，是他平生著书的第三次在出书上受阻，不过皆经他力争均以原貌出版。这说明钱穆对待自己学术思想是认真而严肃的，凡经过自己考证和深思熟虑的见解是不会轻易改变的。他决不屈从于政治上或其他方面的压力，维护了自己的学术尊严。

钱穆在撰写《朱子新学案》时，曾随手选抄朱子诗，后又读邵雍、陈献章、王阳明、高景逸、陆桴亭诸家诗，后编成《理学六家诗钞》。在宋、元、明、清四代理学家中，他爱诵的诗尚不少，但以此六家为主。他认为理学家主要关怀人生，而吟诗是人生中一个主要项目。他爱吟诗，但不能写诗。他觉得吟他人诗，若与自己的意境相吻合，如出自己肺腑。他说在闲暇之余能写一部《理学六家诗钞》，将是件非常快乐的事。

20 世纪 70 年代后，钱穆开始努力编定《中国学术思想史论丛》，共八册。第一册是上古，第二册是先秦，第三册是两汉魏晋南北朝，第四册是隋唐五代，第五册是两宋，第六、第七、第八册分别是元、明、清三代。这部丛书是他六十年来散见各处的主要学术论文的汇总。每集每编所收诸篇，他都亲自阅读，小作改订，大体保持论文的原貌，所花费精力很大。编至明代部分，他的眼睛患病，排印后已不能亲自校对了，清代一编则不能逐篇亲自阅读。他关于学术思想方面的论著，汇为专集的还有《庄老通辨》《两汉经学今古文平议》《灵魂与心》《中国学术通义》等书。其他关于中国文化方面的，除《文化学大义》外，还有《中华文化十二讲》《中国文化精神》《民族与文化》《中国文化丛谈》《世界局势与中国文化》《历史与文化论丛》等。关于文学方面的，有《中国文学讲演集》等。他毕生写作的目的，"皆期为国人读古书旧籍开门路"。

钱穆居住外双溪时，曾先后几次应邀去香港讲演，又两次去日本、韩国。他初次韩国之行，选择李退溪、李栗谷、宋尤庵、韩南塘四家全集，回台湾后精心研究，写成《朱子学流衍韩国考》一文，后收入其学术思想史文集中。

1974 年钱穆 80 岁时，在夫人陪同下外出南游，此间写成《八十忆双亲》一文，其中深切缅怀父母养育、教诲之恩，以及兄长扶持、帮带之情，透露出他对三子两女的深深眷怀与思念。后他又写成《师友杂忆》一书，自序说："惟生平师友，自幼迄老，奖劝诱掖，使余犹幸能不虚度此生。此辈师友往事，常存心中，不能忘。今既相继溘逝，余苟不加追述，恐其姓名都归渐灭，而余生命之重要部分，亦随以沦失不彰。"书中对他早年苦学，师友交往，以及著书立说等作了比较全面的追忆。此书不仅是他学术人生道路的总结，同时也是现代中国学术史珍贵的史料。

1977 年，钱穆 83 岁这年冬天，其胃病发作，双眼因患黄斑变性症眼病，已不识人，不见字。同年，新亚书院决定设立"新亚学术讲座"，为表彰其创办人钱穆的贡献，特邀请他为首位讲演人，由院长金耀基亲自聘请他演讲。金耀基在《成立钱宾四学术文化讲座并迎钱先生返新亚讲学》的演讲稿中说：新亚书院的创建是基于几个读书人的一个理想和信念。这个理想和信念就是要承继中华传统，创新中国文化。二十九年前诞生之时，新亚的经济物质条件是极端贫缺的，但由于这一理想和信念的推动，新亚的创办人钱宾四、唐君毅、张丕介诸先生和先驱者却在手空空、无一物的情形下，兴发千斤重担两肩挑的豪情。

钱穆这次演讲的题目是"从中国历史来看中国民族性及中国文化"，共分六讲，后依据录音改写成书刊行。有一段话可以代表钱穆晚年的中西文化观，"我们讲文化没有一个纯理论的是非。东方人的性格与生活，和西方人的有不同。……没有一个纯理论的是非，来判定他们谁对谁不对。只能说我们东方人比较喜欢这样，西方人比较喜欢那样"。"我们今天以后的世界是要走上民族解放，各从所好的路。你从你所好，我从我所好，并不主张文化一元论，并不主张在西方、东方、印度、阿拉伯各种文化内任择其一，奉为全世界人类作为唯一标准的共同文化。我想今天不是这个世界了，而是要各从所好。""在理论上，我很难讲中国文化高过了西方文化。也可以说，西方文化未必高过了中国文化。因为两种文化在本质上不同……将来的世界要成一个大的世界，有中国人，有印度人，有阿拉伯人，有欧洲人，有非洲人……各从所好。各个文化发展，而能不相冲突，又能调和凝结。我想我们最先应该做到这一步。我不反对西方，但亦不主张一切追随西方。我对文化的观点是如此。"这种观点超越了狭隘的"中国中心论""本位文化论""中体西用论"的色彩，体现了中国文化精神宽容、博大的特质。钱穆认为，未来世界文化是多元共处，各从所好，不相冲突，又能集异建同、调和凝结的，是建立在互尊互信、肯定民族文化个性的基础上的。

1980 年，新亚创校三十年，钱穆又赴香港，遇见旧识耶鲁大学历史系前主任卢定教授。卢定是当年首先主张给予新亚协助的人。两人相见回首前尘，感慨不已。1983年，朱光潜来新亚讲学，钱穆闻之，专程去香港与故友叙旧，合影留念，其场面十分感人。同年钱穆又应邀出席中文大学建校二十周年纪念，发表题为"中国文化演进之三大阶层及未来之演进"的讲演。

他90岁生日，故旧及门人前来祝贺。张其昀赠"一代儒宗"等，可谓钱穆一生学术贡献之写照。1986年，钱穆在素书楼讲最后一课，临别赠言："你是中国人，不要忘记了中国！"至此告别了杏坛。自18岁初登讲坛到告别讲坛共七十五年，其间钱穆培养了一批又一批学生，其中不少已名扬学术界。他一生致力于文化教育事业，教书育人，诲人不倦，不愧为一代宗师。

钱穆晚年由于眼疾，不能看书、读报，每天早晚只有听听电视新闻。他的视力已不能辨认人的面貌，待人会客很困难。他虽谢绝拜访，闭门在家，但仍不忘弘扬中国文化，著述不辍。他为撰写最后一部巨著《晚学盲言》，真是耗费了很大精力。他在书序中描述写作的艰难情景：一则不能引据古典原文，二则写下一字后又不识上一字，遇有误笔，不能改。他每写一个问题都须夫人查阅旧籍，引述成语。初写时，一小时只能写一千字，一小时修改一千字也不易。稿子写成后，夫人就读给他听，并逐字逐句加以增修，克服种种困难，终于在他 92 岁生日后的一百天写完此书。该书共分九十篇，包括三大部分：一为宇宙天地自然部分，二为政治社会人文部分，三为德行行为修养部分。虽然书中每一篇各有其独立性，但宗旨是一个，就是讨论中西文化的异同，通过比较其差异，从而全面地再现了中国传统文化的精神与独到之处，反映了他对中国文化前途充满自信的喜悦心情。可以说，此书是他几十年从事中西比较文化研究的总结。

钱穆晚年居台北双溪，除著书立说外，燕居在素书楼家中盘桓赏花，也颇得其乐。可惜住了二十五年的素书楼，居然被台北市议会部分议员抨击为"非法兴建"，要收回，钱穆被迫迁居，离开了这一家园。因政界争斗，累及无辜，对于一个年逾九旬的老人，一个毕生为中国文化招魂的史学大师，此举实在令人不可理解。况且此事正发生在当时自称"复兴中华文化"的台湾，更令人困惑。钱穆晚年受辱，其心情是可想而知的。不过，钱穆晚年也有值得安慰的事，那就是他先后有机会与亲人见面。

一次是 1980 年夏，钱穆在夫人的陪同下，来到香港与阔别三十二年之久的、在内地的三子一女相见。前后仅七日，就匆匆别去。翌年，他又见到长女和长侄钱伟长。另一次是 1984 年，钱穆 90 岁。这年夏天，他在内地的子女去香港为他祝寿，参加新亚书院举行的寿庆活动。这次在新亚校园，钱穆及夫人与二子、二女、一孙儿、一孙女团聚了一个月，共享天伦之乐。他在回忆录中这样写道："余以穷书生，初意在乡里间得衣食温饱，家人和乐团聚，亦于愿足矣。乃不料并此亦难得。继念余年无多，不知何年再得与其他未相见者一面。"他还梦想着与内地的亲人再次相见，想回内地一看，来无锡老家祭奠祖先、父母，凭吊师友的亡灵，追寻童年、少年读书以及在乡间教书的往事。遗憾的是他的这一愿望未能实现。钱穆，这位为弘扬中国文化奋斗终生的史学巨擘，于1990年8月30日在台北寓所走完了自己生命的最后一刻。他没有去西方基督教所幻想的天国，也没有到佛教中所希望的涅槃，而是魂归于祖国母亲温暖的沃土中。

集孔子以来之大成者：朱熹

《朱子新学案》是钱穆研究朱熹学术思想的总结。全书主要分思想之部和学术之部。思想之部又分理气与心性两部分。学术之部，分经、史、文学三部。经学中分《易》《诗》《书》《春秋》《礼》及四书诸题。又于三部外添附校勘、考据、辨伪诸篇，并游艺格物之学一篇。介乎思想与学术两部之间者，又分朱子评述濂溪、横渠、二程诸篇，下逮评程门、五峰、浙学，又别著朱陆异同三篇，辟禅学两篇等，专以发明朱子在当时理学界中之地位。全书专就朱子原书叙朱子，而于《朱子文集》《朱子语类》称引最详。钱穆评述朱子，尤重在指出其思想学术的变化与发展。在每一分题下，论述每一个或每一对范畴或命题，并不专重其最后所归之结论，而必追溯其前后首尾往复之演变。他全面评述了朱熹的学术成就："朱子不仅欲创造一番新经学，实欲发展出一番新理学。经学与理学相结合，又增之以百家文史之学。至其直接先秦，以《孟子》《学》《庸》羽翼孔门《论语》之传，而使当时儒学达于理想的新巅峰，其事尤非汉唐以迄北宋诸儒之所及。故谓朱子乃是孔子以下集儒学之大成，其言决非过夸而逾量。"

一般意见认为，朱熹只是理学集大成者，是对孔子学说的第二次改造（第一次是董仲舒），不把朱子与孔子并提。钱穆则突出朱熹在历史上的地位，把他与孔子相提并论，看作中国思想史上两位最杰出的思想家。他指出："在中国历史上，前古有孔子，近古有朱子。此两人，皆在中国学术思想史及中国文化史上发出莫大声光，留下莫大影响。旷观全史，恐无第三人堪与伦比。孔子集前古学思想之大成，开创儒学，成为中国文化传统中一主要骨干。北宋理学兴起，乃儒学之重光。朱子崛起南宋，不仅能集北宋以来理学之大成，并亦可谓其乃集孔子以下学术思想之大成。此两人，先后蠹立，皆能汇纳群流，归之一趋。自有朱子，而后孔子以下之儒学，乃重获新生机，发挥新精神，直迄于今。"

钱穆对朱熹的总评价从三方面论证。

第一，朱熹集理学之大成。理学完成在朱熹手里。后人称到北宋理学必然兼举周敦颐、张载、程颢、程颐，这都是朱熹的功劳。此外朱熹兼收邵雍、司马光，作六先生画像赞，尽力阐释发挥他们的思想，其理学比他们更开阔，称他为集北宋理学之大成，当之无愧。

第二，朱熹集宋学之大成。所谓宋学，是指理学产生以前的北宋诸儒之学。其学术包括政事治道、经史博古和文章子集等方面。钱穆认为，朱熹对北宋儒学的政事治道、经史博古和文章子集之学都有承传阐扬，克服了理学初期只重心性修养工夫，不重政务、经史、文章及其他的片面性，大有返回宋初诸儒治学的风格。这是其他理学家所不及的。

第三，朱熹集汉唐儒学之大成。钱穆认为汉唐儒学主要在经，儒学就是经学。宋代儒学不局限于经，而是文史百家之学与经学并举。汉唐儒经学特点在于章句论疏，宋儒经学不局限于此，重要在于创新义，发新论，也可以说宋儒经学是一种新经学。朱熹把经学与理学结合起来，不仅创造出一个新经学，而且也掘出一个新理学。

钱穆的研究表明，朱熹不仅集北宋理学之大成，而且也是宋学的主要设计者和汉唐以来儒学的集大成者，因此，只把朱熹局限于南宋是十分不够的。正如先秦儒学的出现是由于周朝封建制度走向崩溃作出自觉的反应引起，并在春秋时期导致了反对腐朽贵族势力的勇敢斗争一样，理学的兴起也应当看作儒学在面临分崩离析的危机和佛教的挑战时的一种自我觉醒。很显然，北宋诸儒十分通晓国家事务，并努力维护他们所认为的真正的经学和历史传统。所以范仲淹和王安石的改良运动，胡瑗、孙复和李觏的经学，欧阳修和司马光的历史编纂，以及他们全体的文学著作，都成了朱熹学术的思想资源。

钱穆对朱熹学术的研究，肯定了朱熹以理学打通经史子集，贡献是多方面的。在经学方面，北宋诸儒以经说经，理学则以理学说经，二者割裂，朱熹以理学说经，又从经出发阐释理学，把经学与理学有机地结合起来。在史学方面，朱熹不仅承接司马光，而且超过司马光。把理学与史学结合起来，以史学扩大理学的研究视野。从文章子集方面看，朱熹也多有研究。对于文学，理学家是加以鄙视的，只有朱熹重视并擅长文章，对诗有独到之处，超越汉唐，上追选体，以旧风格表现新意境。对于子学，则不局限于儒家，对老庄道家、佛家禅宗等都有所评论、批判。后代理学家所辨儒释疆界，几乎全渊源于朱熹。其主轴仍是儒学和经学。朱熹是宋儒从旧经学中脱离而重新建立新儒学和新经学的完成者。他还强调朱熹学术考据与义理并重的特点。

他对朱熹学术进行全方位、多视角的研究，克服了研究者由于专业所限在治朱熹学术时所出现的片面性和狭隘性。从经史子集去阐发朱子，为他画了一幅百科全书式的人物肖像。他为何着力阐扬朱熹，因其能吞吐百家，汇纳众流。朱子学术特点与钱穆追求的学术风格相近，换言之，通过对朱熹学术全景式的研究，人们也看到钱穆治学贵在贯通的特点。

钱穆对朱熹思想的研究集中在理气与心性问题上。他说："叙述朱子思想，首先当提出其主要之两部分。一为其理气论，又一为其心性论。理气论略当于近人所谓之宇宙论及形上学。心性论乃由宇宙论形上学落实到人生哲学上。"对朱熹思想的研究以理气论和心性论为轴心向四周辐射、展开，打通了理气、心性与工夫三者之间的联系。这与把朱熹诸思想范畴平铺开来分别研究不同，这种研究的结果见目不见纲，钱穆以理气与心性范畴统摄、梳理其他范畴，体现了他一贯倡导的"统之有宗，会之有元"的学术风格，揭示了朱熹思想的真谛和精神。

学术界习惯称朱熹讲理，陆象山讲心，钱穆强调朱熹也讲心，因此把陆王称为心学，程朱称为理学，未必妥当，如果说陆王心学偏重在人生界，程朱理学兼顾人生界与宇宙界，比较接近实际。钱穆对朱熹思想的研究，突出理气论与心性这一传统思想两大主题，强调宇宙论和人生论的统一，天人合一，反对以西方哲学物质与精神二分法裁剪中国思想，突出中国固有思想的特色。另外，以理气与心性合一也弥合理学内部，尤其是朱陆之间的对立，这与他治学反对门户之见是一致的。

终归文化史学

钱穆作为史学家十分关心史学思想、史学理论的建构。早在1961年，钱穆在香港应孟氏基金会邀请，作一系列讲演，题为"历史研究法"，后以《中国历史研究法》为名在香港出版。后来近三十年史学见解皆本于此，也可称其对中国史学大纲要义的一番简要叙述，1971年，钱穆应邀去位于台南的成功大学史学系讲演，题目是"史学导言"，后刊出。

钱穆强调治史者必以"世运兴衰""人物贤奸"这八个字为出发点和归宿，积久感染，"自能培养出一番对民族国家之爱心，自能于民族国家当前处境知关切。诸位当知治史学，要有一种史学家之心情，与史学家之抱负。若不关心国家民族，不关心大群体长时期演变，如此来学历史"，"最多只能谈掌故，说旧事，更无史学精神可言"。他告诫治史者，"必要养成一番广大的心胸，乃及一番远大的眼光，来看此历史之变化。更贵能识历史大趋，一切世运兴衰，背后决定全在人。决定人的，不在眼前物质条件，乃在长久的精神条件。须知我们大家负有此时代责任，须能把我们自己国家民族已往在长时期中之一切兴衰得失作为我们求知识的对象。如此般的知识，可谓之是史识。历史上有过不少为民族、为国家、为大群体长期前程而立志操心的大人物，他们此种心情，可谓之史心。培养史心，来求取史识，这一种学问，乃谓之史学。史学必以国家、民族、大群体长时期上下古今直及将来为其学问之对象。由此培养出一番见识与心智，始得把其自身成为一历史正面人物。便是能参加此民族国家历史大趋之人物。其所表现，则在此人物之当身，在此人物之现代。在其当身现代所干之事业，即是一历史事业，不限于其当身与现代"。

这里提到的"史心""史识"与"史学"的界说，分明弘扬着经世明道的中国史学精神。钱穆又提出"史法""史义"，写史有史法与史义，如何观察记载是法，如何了解历史的意义与价值为义。如何获得史义，则须有史心、史德、

168

史识。只有史家的心智，才能洞观史实，而史心须与史德相配合，那样才能得到史识。必须把史心、史德、史识、史才、史法、史义统一起来，才能成为史学。在他看来，世界上绝对没有纯客观的历史，我们绝不能把过去史实全部记载下来，不能不经过主观的观察和了解而去写历史。我们必须对史实之背景有所了解，并有了某种价值观，才能拿这一观点来写史。因此，从来的历史，必然寓褒贬，别是非。史家记载下来的历史，不但要与史实符合，且须与其所记载的一段历史之过去、未来相贯通。若不能贯通，则此项记载不能称为历史。他还从智慧与功力结合阐述治史三阶段：第一是入门，分"前人之智慧来指导自己的功力"和"由前人之功力来培养我自己的智慧"两个层次；第二是升堂，以自己的智慧去体会前人的功力，以自己的功力来体会前人的智慧；第三是入室，学问为自己所有，自成一家。这三阶段，依次是从学、知学、成学。

钱穆对历史时间的探讨颇具特色。他认为，"历史上之过去非过去，而历史上之未来非未来，历史学者当凝合过去、未来为一大现在，而后始克当历史研究之任务"。全部历史都活在这里，一部中国史便活在今天我们中国人身上。由此来考察历史，才能懂得历史的意义与价值。这与克罗齐"一切历史都是当代史"唱为同调之鸣。他认为，历史是一个大现在，上包过去，下包未来，是一个真实不动的大地盘，我们即凭此地盘而活动。他又认为，我们的所谓历史，把文字记载下来的，只是一些狭义的历史。我们的人生过程，我们人类大生命的过程，才是广义的历史。每个现在的人都是这一大过程中的一部分，同时也能长久保存。只要历史不朽，我们的人生也就不朽。在这里，历史不再是死的物的历史，而是活的人的历史。如此，历史主体的作用得到了高扬。这显然是一种生命哲学的史观。他还提出了一些治史的方法论，如共殊相别，变常互通，以求尺度准确；内外兼修，通专互涵，以求主观统一；打破门户，考据、义理、辞章三结，以求文质并茂。

钱穆论及治史的逻辑，是先对通史求了解，然后再分类以求。从历史的各方面分析来看，然后再加以综合，以此见历史的大全体。首先对历史作通体研究，然后把历史平铺开，分门别类研究政治、社会、经济、学术、人物和地理等专史，最后回到文化史。如果专门从文化史角度看，其范围要比上述（政治、社会、经济、学术、人物、地理）各方面广，可以说，文化是全部历史的整体，应该在历史的整体中去寻求历史的发展过程，这才是文化的真正意义。把通史与文化史结合起来，历史在文化史中得到最终的完成，这体现了他所谓"研究历史，所最应注意者，乃为在此历史背后所蕴藏而完成之文化，历史乃其外表，文化则是其内容"的基本精神。由此看来，钱穆的史学应是文化史学，他虽然重视实证考据，但人文关怀才是其史学的最终归宿。

钱穆在他一生最后的一篇文章《中国文化对人类未来可有的贡献》中，从天人关系的角度，进一步论述了中西文化和合与分离的区别，突出了中国文化对人类未来的贡献，可以说是他文化史学的盖棺之作。

他认为，中国文化过去最伟大的贡献，在于对"天"与"人"关系的研究。"天人合一"论是中国文化对人类最大的贡献。世界人类最初碰到的困难问题，就是有关天的问题。西方人喜欢把"天"与"人"分离开，分别来讲。换句话说，他们是离开了人类讲天。这一观念在今天，科学愈发达，愈易显出它对人类生存的不良影响。

钱穆对中西方的天人关系进行了比较。认为，中国人是把"天"与"人生"合起来看。中国人认为"天命"就表露在"人生"上，离开"人生"，也就无从来讲"天命"，离开"天命"，也就无从来讲"人生"。所以中国古人以为"人生"与"天命"最高贵、最伟大处，是在于能把它们两者和合为一。离开了人，就无法证明有天，一切人文演进都顺从天道而来。违背了天命，即无人文可言。"天人合一"观念是中国古代文化中最古老、最有贡献的一种主张。而西方人常把"天命"与"人生"划分为二，他们认为人生之外别有天命，把"天命"与"人生"分作两个层次、两个场面来讲。"天命"与"人生"是两个不同的、对立之物，它们分别各有所归。此一观念影响所及，则天命不知其所命，人生亦不知其所生，两截分开，便各失却其本义。这不如古代中国人之"天人合一"论，能得宇宙人生会通合一之真相。

所以，西方文化显然需要另有天命的宗教信仰，来作为他们讨论人生的前提。而中国文化，既认为"天命"与"人生"同归一贯，没有分别，故中国古代文化起源，也不再需要有像西方古代人的宗教信仰。在中国思想中，"天""人"两者之间，并无"隐""现"分别。这种观念，除中国古代人外，亦为全世界其他人类所少有。

钱穆认为，近百年来，世界人类文化所宗，可说全在欧洲。最近五十年，欧洲文化近于衰落，不能再为世界人类文化向往之宗主。世界文化又将何所向往，是今天我们人类最值得重视的现实问题。以过去世界文化的兴衰言之，西方文化一衰则不易再兴，而中国文化则屡仆屡起，故能绵延数千年不断。这正是源于中国传统文化的精神，自古以来即能注意到不违背天，不违背自然，且又能与天命自然融合一体。"我以为此下世界文化之归结，恐必将以中国传统文化为宗主。"

这篇文章最早发表在 1990 年 9 月 26 日出版的台北《联合报》上，后由大陆《中国文化》杂志转载。季羡林在一篇文章中全文抄录，并对钱穆"天人合一"命题的理解，给予好评。他写道，"我完全同意宾四先生对这个命题的评价：含义深远，意义重大"。"他在此文中一再讲'人类生存'。他讲得比较明确：'天'就是'天命''人'就是'人生'。这同我对'天''人'的理解不大一样。但是，他又讲到'不违背天，不违背自然'，把'天'与'自然'等同，又似乎同我的理解差不多。他讲到中国文化与西方文化，认为'欧洲文化近于衰落'，将来世界文化'必将以中国传统文化为宗主'。这一点也同我的想法差不多。"又"钱宾四先生说：'最近五十年，欧洲文化近于衰落。'他的忧虑同西方眼光远大的人如出一辙。这些意见同我想的几乎完全一样，我当然是同意的，虽然衰落的原因我同宾四先生以及西方人士的看法可能完全不相同"。

第8章

高山景行　后学楷模

　　凡熟知或与钱穆共事的人，都认为他是一位感情十分丰富而又深厚的人。他给人的第一个印象，是个子不高，但神定气足，尤其是双目炯炯，好像把你的心都照亮了。同时，他是一个十分严肃、不苟言笑的人。与他熟悉后，就会发现他是个情谊浑厚、感情细腻的人。他与学生交谈时，偶尔也幽默一下，但他的尊严永远在那里，使你不可能有一刻忘记。这绝不是老师的架子或学问的傲慢，更不是世俗的矜持。他一切都是自然而然的，这是经过人文教养浸润以后的那种自然，是中国传统所谓的"道尊"，或是现代西方人所说的"人格尊严"。钱穆从来不善于哗众取宠，对于世俗名利也毫无兴趣，更不知道什么叫制造社会形象或扩大知名度。因此，他不会在和人初次相识时，便有意留下其深刻印象。尤其他不肯面对青年人说过分称誉的话。总之，他是一个感情丰富、情谊浑厚，而又有尊严、朴实无华的人。

钱穆不仅善于读书、著述，还善于安排工作和生活。他在新亚书院任院长时，其条件很艰苦，除了每天应付繁忙的行政事务外，还要著书与教学，可当时学生从来不觉得他是个忙人。在处理烦琐的工作中，他总是不紧不慢，从容有度，显出一种敬业和乐业的精神。工作对他而言是一种生活。工作之余，他生活中的兴趣很广泛，如他喜欢种盆景、下围棋，对京剧更有特殊的爱好。书院在钱穆的鼓励下在初期曾组织了一个京剧团，差不多每年都有演出。由于他善摄生活，身体一向很好。1954 年以前虽常有胃病发作，但以后就痊愈了。他生活勤俭、清淡，在饮食上也很节制，无论吃什么，总是津津有味，从不挑剔。他喜欢郊游和散步，步履之健，不让后生。他有时因没有时间去室外散步，就在屋里来回踱步。他有很好的起居习惯，清晨起床后，做眼操，打太极拳。钱穆有时也迁就现实，一旦理想成为泡影，他便不惜决裂，重回到自己的现实中寻找生活。无论做什么事，他能拿得起放得下，洒脱自在，不为物所累，不为名所限，心境平和宁静。

他是一个地道的中国人，是个有着极强的国家民族意识和历史文化责任感的人。他一生做学问的旨趣与中国现代的社会忧患紧密地联系在一起。例如，当他还是孩子的时候，外国侵略者强迫我国签订了许多不平等条约，民族危机深重，中国要被瓜分了。他听到这些话，就感觉到当前最大的问题就是要解答我们国家究竟有没有前途，我们民族还有没有将来的问题。他认为这个问题不解决，其他问题都不值得我们考虑。因此，他才开始阅读和研究中国历史。经过长期深入地钻研，他意识到中国不但不会灭亡，而且还有伟大光明的前途。这一判断固然带有强烈的民族情感，但是有客观依据的。这就是他长期思考和研究中国以往的历史而得出的。如他在《中国文化传统中之史学》一文中指出，历史为水流，如同沟浍之水，易满也易干，而长江大河，蜿蜒千里，永不枯竭。没有上流之浩远，哪有下游之深广，人类历史文化也是这样，我们不能只向前不顾后，不看文化的源头，一味求变求新求快，这会使本源易竭，下游易湮。只有中国是一个源远流长、积厚流光的伟大民族，因为中国人一向重视历史，把中国的过去、现在和将来，本末前后作为一个整体来考虑，则会有什么样的过去，就有什么样的将来。

可是近百年来，由于列强的侵略，中国被迫签订了许多丧权辱国的不平等条约，有人就认为中国落后了，就要把自己过去五千年历史看成是包袱，恨不得一下子都把它扔掉，结果几十年反传统造成了历史的悲剧。钱穆认为中国历史广大悠久，举世无双。三千年前的《西周书》，创于周公；两千五百年前的《春秋》，作于孔子。这是中国人共同的历史，共同的文化渊源。所以在中国人心目中，都应抱有一种深厚的历史情感，对周公、孔子无不共同敬仰，而形成一种民族凝聚力，这或许就是中国不会灭亡的依据之一。

又如在中国传统文化中，早就有一种历史人生不朽观，远在孔子之前，鲁国的叔孙豹就已提出立德、立功、立言的三不朽的人生观，认为人活着时为社会创功立业，或创立了一套思想理论，当这个人的肉体消失以后，他的功德和思想仍然在影响着后人。这个人并没有死，而是作为历史的精神力量继续存在，而且数千年还成为中国传统文化主要的精神命脉。可以说，历史的生命是一种不朽的民族精神。这也许是钱穆认为"中国不会亡"的又一个依据。

钱穆讲中国历史时，常常带着强烈的道德意识，而被一些人所误解。他们以为钱穆有这种强烈的爱国热情，导致他的史学必然是一厢情愿，缺乏其客观性。其实不然，众所周知，学医是为了治病，但一个有治病意愿的医生，如果他对医学研究匮乏，缺少责任心和医德，那么他的医术一定不切实用，甚至还会贻害生命。虽然道德和知识是两个不同的领域，道德所涉及的是主体，知识所涉及的是客观事实，但历史与自然科学不同，不完全由客观事实而定，因为历史包括人的主观因素。历史不仅是个理论知识，同时也是个道德实践问题。

钱穆还认为，知识和权力都是生命所使用的工具，而非生命本身，只有人的道德精神，才是人的真生命，也才是历史文化的真生命。那么什么是道德精神呢？钱穆在《论春秋时代人之道德精神》中说："人之投入于人世间，而具有种种敏感，人己之情，息息相关，遇有冲突粗龉，而能人我兼顾，主客并照，不偏倾一边，不走向极端，斟酌调和，纵不能于事上有一恰好安顿，而于自己心上，则务求一恰好安顿，惟此项安顿，论其归趋，则往往达至于自我牺牲之一途。此种精神，我无以名之，则名之曰道德精神。"这是说，只有这种道德精神，才能人我兼顾，主客并照，必要时，即使牺牲自我，也心安理得。他在文中还列举了春秋时代许多义士，为了国家前途，作出自我牺牲。所以，他倡导要了解历史文化，就必须通过道德精神去了解。

钱穆认为，一个对中国兴亡漠不关心的外国汉学家，可以拿中国的史料作无关痛痒的研究，可是我们所研究的历史是和我们有着切肤之痛的历史。历史知识是随着时代而变化的，它应与时代的种种问题联系起来，以求鉴古知今，对现在有一番真实的改进。必须有热爱中华民族的伟大心灵，才能感受到中华民族现代所遭遇的问题，因而才能产生对中华民族有改进的历史知识。钱穆是一个地道的中国人，他的心灵是热爱中华民族的心灵，他几十年如一日从事中国历史文化研究，正是这种道德精神的力量使他不知疲倦地工作着。

他曾在《宋明理学概述》自序中说："数十年孤陋穷饿，于古今学术略有所窥，其得力最深者，莫如宋明儒。虽居乡僻，未尝敢一日废学。虽经乱离困厄，未尝敢一日颓其志。虽或名利当前，未尝敢动其心。虽或毁誉横生，未尝敢馁其气。虽学不足以自成立，未尝或忘先儒之榘矱，时切其响慕。虽垂老无以自靖献，未尝不于国家民族世道人心，自任以匹夫之有其责。"这里充分体现了他为弘扬中国文化，倾注了毕生的心血与温情，而且是终生不渝，堪称一个爱国知识分子的楷模。

抗日战争时期，在成都华西坝一个欢迎冯友兰的会上，钱穆呼吁大家一定要做个中国人，而且要为中国人争一口气。新亚书院的创办，也无非希望唤起中国人来共同争这口气。新亚书院校舍地基埋藏着一个铁函，里面除了有当时新亚师生签名，还有钱穆的《国史大纲》，取意是仿效宋末郑所南的铁函心史。在台湾定居以后，他在演讲中继续号召大家做中国的学问，首先做中国人，即使不识字，也应堂堂正正地做个中国人。无论在他著作，还是讲演中，他的责任、他的意识、他的语言都能震撼读者和听者的灵魂，都能使人们在知识上接触到一个不朽的人格，一个热爱中国民族历史文化的心灵，一个具有强烈国家民族意识感情的中国人。则可谓"继先圣堂堂正正做中国人，启后学切切偲偲为孺子师"。

钱穆正是具备强烈的历史责任感，才把自己的毕生精力都倾注于中国历史文化的研究中，深入经、史、子、集各个知识领域，并成为无与伦比的通儒。他有匡时救世的热忱，又有纵贯百家的能力，断之于心，笔之于书。他以中国文化的兴衰为己任，在一千四百余万字的著述中，集中弘扬了我们民族的精华。在学术上，他拥有坚实的学问功夫和深厚的基础，敢于反对潮流和陈说，提出石破天惊的见解和观点。他破除了经、史、子、集相割裂的看法，破除了考据、义理、辞章分解的做法，破除了今文经学与古文经学、汉学与宋学的长期争论和对立，破除了程朱理学与陆王心学的门户之见，破除了宇宙观与人生论的分离，直击中国文化的大本大源，把国学提到前所未有的水平。他深信中国历史文化必然会"据旧开新"，必然会挺立在东方，对人类作出新的贡献！

钱穆虽然与世长辞了，但他为中国民族文化的重建作出了巨大努力，给后人留下了丰富的精神遗产。他的文化生命和学术生命并没有随着其生命的结束而结束，而是融汇在哺育和培养他的中华民族文化和学术的大生命之中。他不仅为中华民族文化和学术的大生命输送了新鲜血液，而且也为后辈学人提供了丰富的文化营养。正像钱穆这样为中华文化崛起而奋斗的无数小生命，汇积成中国文化和学术的大生命，使它绵延五千年一贯而下，长久不衰。他们才是中国的脊梁，也正是这种脊梁支撑着中国民族文化的大厦，使之在无数的狂风暴雨、天灾人祸中没有坍塌，而屹立在世界的东方。当然，中国文化大厦的重建，不仅是历史的，重要的是当代的，因此，重建本身不是一劳永逸的，而是一个无止境的过程。当中华民族文化大厦经过无数后辈建立得越来越美好，耸立于世界民族之林的时候，钱穆若地下有知，也会含笑九泉了。

附录

年　谱

1895年（光绪二十一年）　7月30日（农历六月初九）出生，名穆，字宾四，原名恩铢，江苏无锡人。

1901年（光绪二十七年）　入私塾读书。

1906年（光绪三十二年）　5月17日（农历四月二十四日），父亲钱承沛病逝，享年41岁。

1907年（光绪三十三年）　与其长兄钱挚一同考入常州中学堂。

1910年（宣统二年）　冬，因故退学，偶见谭嗣同的《仁学》，读后大喜，即私去长辫。

1911年（宣统三年）　春，转入南京私立钟英中学，后辍学。

1912年　矢志自学。不久任教于秦家水渠三兼小学。是年易名穆。

1913年　转入鸿模小学任教，即前果育小学。

1914年　夏，转入梅村镇的泰伯小学任教。

1917年　秋，完婚。模仿《马氏文通》例论句法，写成《论语文解》。

1919年　秋，改任后宅镇泰伯市立第一初级小学校长。

1920年　得康有为《新学伪经考》，为后来写《刘向歆父子年谱》的张本。

1921年　首次撰文在李石岑主编的上海《时事新报》副刊《学灯》刊出。

1922年　秋，应厦门集美学校教务长施之勉之邀去该校任教。

1924年　在第三师范讲授《论语》并整理成书。

1925年　编写《孟子要略》。

1927年　转入江苏省立苏州中学任教。课外，撰写《先秦诸子系年》。

1928年　为《万有文库》写《墨子》《王守仁》。秋，妻儿、长兄病逝。

1929年　与张一贯结婚。与蒙文通、胡适、顾颉刚相交。

1930年　将《刘向歆父子年谱》发表在《燕京学报》第七期。经顾颉刚介绍，去燕京大学任教。

1931年　转入北京大学任教。

1935年　与姚从吾等百余教授联名促请南京政府早定抗日大计。

1936 年 从平汉路经汉口，转长江，与汤用彤共游牯岭。

1937 年 随北大南迁，与汤用彤、贺麟同行。结识金岳霖、闻一多，与冯友兰论学。

1938 年 北大迁至昆明，在西南联大任教，潜心撰写《国史大纲》。

1939 年 受聘流徙成都的齐鲁大学。

1940 年 在齐鲁大学讲"中国文化史导论"。

1941 年 应校长王星拱之邀去嘉定（乐山）武汉大学讲授"中国政治制度史导论"和"秦汉史"两门课。其间结识朱光潜。又应马一浮之邀讲学复性书院。

1942 年 与来成都的蒋介石见面。

1943 年 赴贵州遵义浙江大学讲学。转入华西大学任教，兼四川大学教席。

1945 年 抗战胜利后，北大复校，未被应聘。

1946 年 任昆明五华书院文史研究所所长，兼云南大学教席。

1948 年 任无锡江南大学文学院院长。写成《湖上闲思录》《庄子纂笺》。

1949 年 移居香港，与友人创办亚洲文商学院，内定为院长。撰写《中国思想史》和《宋明理学概述》。

1950 年 另创办日校，名新亚书院，任院长。

1951年　为现代国民基本知识丛书撰成《中国思想史》。

1952年　应何应钦、朱家骅之邀到台湾讲演。

1953年　新亚书院获得雅礼资助。筹办新亚研究所，兼任所长。

1954年　应邀去台北作题为"中国思想通俗讲话"演讲。得福特基金会资助。

1955年　获香港大学颁授的名誉法学博士荣誉。研究所始能正式招生开办。率访问团到日本，在京都、东京大学作公开讲演。

1956年　出席九龙农圃道举行新亚新校舍奠基典礼，与胡美琦举行婚礼。

1960年　离港赴美国耶鲁大学东方研究系讲座讲学半年。耶鲁大学特颁赠名誉博士学位。

1961年　开始在香港大学校外课程部讲"秦汉学术思想六讲"。

1963年　香港中文大学成立，提出辞职。

1965年　正式卸任，离新亚书院、研究所。应马来亚大学之聘，前往讲学。

1966年　因病自吉隆坡返港，仍寓沙田旧址，日夜撰写《朱子新学案》。

1967年　迁居台北，暂寓市区金山街。

1968年　当选中国历史学会第四届年会理事。当选为台湾"中央研究院"人文组院士。移居外双溪素书楼。

1969年　赴台南成功大学讲"史学导言"。返回香港为新亚书院创校二十周年纪念献词。写成《朱子新学案》《中国史学名著》《双溪独语》。应张其昀之约，任台湾文化学院历史系研究所教授，复应蒋复璁的邀请，任台湾故宫博物院特聘研究员。

1970年　任香港大学校外考试委员。遴选为新亚文化会名誉董事长。

1972年　校订《国史大纲》。读宋、元、明理学诸集，续有撰述。自编《中国学术思想史论丛》。

1973年　在孟子纪念会讲演"孟子学大义述"。

1974年　写成《八十忆双亲》。

1980年　偕夫人重赴香港，得与内地三子一女相见。

1981年　偕夫人再去香港，与长女、长侄伟长相见。

1984年　获台湾"行政院"文化奖章。在香港，人们为其庆祝九十寿辰，内地子女与嫡孙也得来会。

1985年　自中国文化大学退休。

1986年　应台北《联合月刊》编辑之请，发表对国运和世局的识见，谓和平统一是中国的大前途、大希望、大理想、大原则，并首次为内地《人民日报》摘载。在素书楼讲最后一课，告别杏坛。撰成《晚学盲言》。

1987年　当选为中国文化大学名誉教授。

1987年　与夫人共同整理有关新亚书院的文稿。

1989年　去香港出席新亚书院创校四十周年校庆。

1990年　迁台北杭州南路新居。8月30日上午9时许，在
　　　　寓所逝世。

主 要 著 作

1.《论语文解》，上海：商务印书馆，1918年。

2.《论语要略》（国学小丛书），上海：商务印书馆，
1925年。

3.《孟子要略》，上海：大华书店，1926年。

4.《周公》，上海：商务印书馆，1929年。

5.《墨子》（万有文库），上海：商务印书馆，1930年。

6.《王守仁》，上海：商务印书馆，1930年。

7.《国学概论》，上海：商务印书馆，1931年。

8.《惠施公孙龙》，上海：商务印书馆，1931年。

9.《老子辨》，上海：大华书店，1932年。

10.《先秦诸子系年》（上下册），上海：商务印书馆，
1935年。

11.《中国近三百年学术史》(上下册),上海:商务印书馆,1937年。

12.《国史大纲》(上下册),上海:商务印书馆,1940年。

13.《文化与教育》,重庆:国民图书出版社,1942年。

14.《政学私言》(人人文库),重庆:商务印书馆,1945年。

15.《中国文化史导论》,重庆:正中书局,1947年。

16.《孟子研究》,上海:开明书店,1948年。

17.《中国历史精神》,台北:国民出版社,1951年。

18.《庄子纂笺》,香港:东南印务公司,1951年。

19.《文化学大义》(八讲),台北:正中书局,1952年。

20.《中国历代政治得失》,香港:自刊本,1952年。

21.《中国思想史》,台北:中华文化出版事业委员会,1952年。

22.《国史新论》,香港:自刊本,1953年。

23.《宋明理学概述》,台北:中华文化出版事业委员会,1953年。

24.《四书释义》,台北:中华文化出版事业委员会,1953年。

25.《阳明学述要》,台北:正中书局,1955年。

26.《中国思想通俗讲话》，香港：自刊本，1955年。

27.《人生十论》，香港：人生出版社，1955年。

28.《中国学术史论集》，台北：中华文化出版事业委员会，1956年。

29.《秦汉史》，香港：新华印刷股份公司，1957年。

30.《庄老通辨》，香港：新亚研究所，1957年。

31.《学篇》，香港：南天书业公司，1958年。

32.《两汉经学古今文平议》，香港：新亚研究所，1958年。

33.《湖上闲思录》，香港：人生出版社，1960年。

34.《民族与文化》，台北：联合出版中心，1960年。

35.《中国历史研究法》，香港：孟氏教育基金会，1961年。

36.《史记地名考》，香港：太平书局，1962年。

37.《中国文学讲演集》，香港：人生出版社，1963年。

38.《论语新解》（上下册），香港：新亚研究所，1963年。

39.《中华文化十二讲》，台北：三民书局，1968年。

40.《中国文化丛谈》（一）（二），台北：三民书局，1969年。

41.《史学导言》，台北："中央"日报社，1970年。

42.《中国文化精神》，台北：三民书局，1971年。

43.《朱子新学案》（一至五册），台北：三民书局，1971年。

44.《朱子学提纲》，台北：自刊本，1971年。

45.《孔子略传（论语）新编》，台北：广学社印书馆，1975年。

46.《中国学术通义》，台北：台湾学生书局，1975年。

47.《灵魂与心》，台北：联经出版事业有限公司，1976年。

48.《中国学术思想史论丛》（一至八辑），台北：东大图书公司，1976年至1980年。

49.《世界局势与中国文化》，台北：东大图书公司，1977年。

50.《从中国历史来看中国民族性及中国文化》，香港：中文大学出版社，1979年。

51.《历史与文化论丛》，台北：东大图书公司，1979年。

52.《古史地理论丛》，台北：东大图书公司，1982年。

53.《八十忆双亲师友杂忆合刊》，台北：东大图书公司，1983年。

54.《现代中国学术论衡》，台北：东大图书公司，

1984 年。

55.《晚学盲言》(上下册)，台北：东大图书公司，1987 年。

56.《中国史学发微》，台北：东大图书公司，1989 年。

57.《新亚遗铎》，台北：东大图书公司，1989 年。

参 考 书 目

1. 何佑森：《钱宾四先生的学术》，载项维新、刘福增主编《中国哲学思想论集》(第八册)，台北牧童出版社，1978 年。

2. 朱传誉主编：《钱穆传记资料》，台湾天一出版社，1981 年。

3. 霍韬晦主编：《法言》"钱穆悼念专辑"，香港法言出版社，1990 年。

4. 马先醒主编：《民间史学》"钱宾四先生逝世百日纪念"，台北民间史学杂志社，1990 年。

5. 严耕望：《钱穆宾四先生与我》，台湾商务印书馆，1992 年。

6. 江苏省无锡县政协编：《钱穆纪念文集》，上海人民出版社，1992 年。

7.李木妙:《国史大师钱穆教授生平及其著述》,《新亚学报》第 17 卷,1994 年 8 月。

8.郭齐勇、汪学群:《钱穆评传》,江西百花洲文艺出版社,1995 年。

9.邓尔麟:《钱穆与七房桥世界》,社会科学文献出版社,1995 年。

10.郭齐勇、汪学群:《二十世纪学术经典·钱穆卷》,河北教育出版社,1998 年。

11.汪学群:《钱穆学术思想评传》,北京图书馆出版社,1998 年。

12.陈勇:《钱穆传》,人民出版社,2001 年。

13.钱穆故居管理处编:《钱穆思想学术研讨会论文集》,台北东吴大学出版社,2005 年。

14.严耕望:《怎样学历史》,辽宁教育出版社,2006 年。